非線型経済動学

非線型経済動学

―― 差分方程式・分岐・カオス ――

J-M・グランモン著／斉木吉隆訳

数理経済学叢書

知泉書館

編集委員

岩本誠一　楠岡成雄　武隈愼一
原　千秋　俣野　博　丸山　徹

刊 行 の 辞

　数理経済学研究センターは，数学・経済学両分野に携わる学徒の密接な協力をつうじて，数理経済学研究の一層の進展を図ることを目的に，平成9年に設立された．以来十数年にわたり，各種研究集会の開催，研究成果の刊行と普及などの活動を継続しつつある．

　活動の一環として，このほど知泉書館の協力により，数理経済学叢書の刊行が実現のはこびに到ったことは同人一同の深く喜びとするところである．

　この叢書は研究センターに設置された編集委員会の企画・編集により，(一) 斯学における新しい研究成果を体系的に論じた研究書，および (二) 大学院向きの良質の教科書を逐次刊行するシリーズである．

　数学の成果の適切な応用をつうじて経済現象の分析が深まり，また逆に経済分析の過程から数学への新たな着想が生まれるならば，これこそ研究センターの目指す本懐であり，叢書の刊行がそのための一助ともなることを祈りつつ努力したいと思う．

　幸いにしてこの叢書刊行の企てが広範囲の学徒のご賛同とご理解を得て，充実した成果に結実するよう読者諸賢のお力添えをお願いする次第である．

2011年4月

　　　　　　　　　　　　　　　数理経済学叢書　編集委員一同

はしがき

　この講義ノートの日本語訳が株式会社知泉書館から刊行されるはこびとなったことを，私はとりわけ誇らしく，また幸せなことと存じております。この講義は非線形動学・分岐・カオスの解析に用いられる現代数学の手法を，かなう限り簡明に，しかもこの分野の専門家でない方々にも理解しやすいように紹介することを目指しております。私はこの題材を 20 年以上にわたって英語で講義してまいりました。講義ノートの英語版は今日の水準に鑑み調整をほどこしたうえ，まず 2008 年に『リサーチ・イン・エコノミックス』誌に掲載されましたが，この作品が掲載にふさわしい十分な有用性を具えたものとお考え下さった同誌の編集委員会ならびにグイド・カザヴィラン編集長に深く感謝いたします。

　私は日本にもお招きいただき，この講義ノートの題材を，幾度かの機会に Ph.D コースの短期集中講義の一部として教授する機会を得ましたことを光栄と存じております。すなわち京都大学経済研究所（KIER），慶應義塾大学におけるルイ・ヴィトン・ジャパン・フェローシップ講座，日本学術振興会（JSPS）フェローシップによる神戸大学経済経営研究所（RIEB）における講義であります。しかし実は日本語の知識が十分でないため，いずれの講義もやはり英語で行なわざるを得ませんでした。ですから，その日本語訳を数理経済学研究センターが同センター企画の「数理経済学叢書」の一冊として刊行するにふさわしいとご判断下さったことをまことに名誉とも幸せとも思っております。私はとくに叢書編集委員の方々，つまり岩本誠一教授，楠岡成雄教授，武隈愼一教授，原千秋教授，俣野博教授，そしてなかでも丸山徹教授に大変お世話になりました。また日本語訳の出版を認めてくださったヴェネチア大学ならびに『リサーチ・イン・エノコミックス』誌の編集委員会とグイド・カザヴィラン編集長に対し厚く感謝の意を表します。最後に，しかし最小にではなく，英語版を日本語に効率的に快く翻訳する仕事を遂行して

下さった斉木博士にも深甚のお礼を申し上げます．先年，『ロスト・イン・トランスレーション』という映画が話題になりましたが，本講義ノートは斉木博士のご尽力により "Lost in Translation" を免れたのでした．私はこの日本語版が日本の学生や研究者にとって一層身近なものとなり，またお役に立つことを心より希望しております．

2011 年 6 月 1 日，パリにて

ジャン-ミシェール　グランモン

目　次

はしがき……………………………………………………………………vii

第1章　準　備……………………………………………………………3
1.1　行列代数……………………………………………………………4
1.2　陰関数定理…………………………………………………………10

第2章　線型差分方程式と非線型差分方程式………………………13
2.1　安定性………………………………………………………………14
2.2　変数変換……………………………………………………………15
2.3　線型差分方程式……………………………………………………17
2.4　双曲型不動点………………………………………………………25
2.5　不変多様体…………………………………………………………26

第3章　局所分岐…………………………………………………………33
3.1　導　入………………………………………………………………33
3.2　サドルノード分岐…………………………………………………36
3.3　フリップ分岐………………………………………………………45
3.4　ホップ分岐…………………………………………………………51
3.5　中心多様体縮約……………………………………………………65

第4章　大域的分岐とカオス……………………………………………71
4.1　区間上の写像………………………………………………………71
4.2　ホモクリニック分岐と馬蹄………………………………………90

4.3　後進ダイナミクスと前進ダイナミクス：逆極限アプローチ………101

謝　　辞……………………………………………………………………113
編者あとがき……………………………………………………………115
参考文献…………………………………………………………………118
訳者による付録…………………………………………………………123
索　　引……………………………………………………………………131

非線型経済動学
――差分方程式・分岐・カオス――

第 1 章

準　備

　本章では，今後繰り返し用いられる行列と可微分写像に関するいくつかの基本的な事実を述べる。$\mathbb{R}^m$ を m 個の実数全体の集合とする。$\mathbb{R}^m$ の点，すなわちベクトルは $x = (x_1, \cdots, x_m)$ と表される (x_i はこのベクトルの 第 i 成分である)。ベクトル x, y の和は

$$x + y = (x_1, \cdots, x_m) + (y_1, \cdots, y_m) = (x_1 + y_1, \cdots, x_m + y_m)$$

のように成分ごとの和で与えられる。α を実数として，積 αx は，ベクトル $(\alpha x_1, \cdots, \alpha x_m)$ である。これにより $\mathbb{R}^m$ は，m 次元実ベクトル空間であることがわかる。その標準基底は，$(e_1, \cdots, e_m)$ である。但し，各 $i = 1, \cdots, m$ に対して，e_i は，各成分を $e_{ij} = \delta_{ij} (j = 1, \cdots, m)$ を成分とするベクトルである。ここで，δ_{ij} はクロネッカーのデルタ，すなわち $i \neq j$ のとき $\delta_{ij} = 0$ で，$i = j$ のとき 1 である。任意のベクトル $x = (x_1, \cdots, x_m)$ は，標準基底のベクトル e_i の線型結合として $x = \sum_i x_i e_i$ という形に一意的に表される。ノルムは，$\mathbb{R}^m$ 上で定義され，$\|x\| \geq 0$ なる実数値関数 $\|\cdot\|$ であり，$\|\alpha x\| = |\alpha| \|x\|, \|x + y\| \leq \|x\| + \|y\|$ ならびに，$\|x\| = 0$ であることと $x = 0$ が同値である，という条件を満たすものである。ユークリッド・ノルムは，$|x| = (\sum_i x_i^2)^{1/2}$ で表される。

1.1 行列代数

m 次正方行列，すなわち m^2 個の実数値の組 $A = [a_{ij}]$ ($i = 1, \cdots, m$ は第 i 行，$j = 1, \cdots, m$ は第 j 列) は，$\mathbb{R}^m$ からそれ自身への**線型変換**（もしくは**線型写像**）T を定め，それに伴って任意のベクトル $x = (x_1, \cdots, x_m)$ が座標 $x'_i = \sum_j a_{ij} x_j (i = 1, \cdots, m)$ をもつベクトル $x' = Tx$ にうつされる．これを行列で表せば，$x' = Ax$ となる．$e_1, \cdots, e_m$ を $\mathbb{R}^m$ の標準基底とすると，A の第 j 列 $a^j = (a_{1j}, \cdots, a_{mj})$ は，T（すなわち A）による e_j の像 $a^j = Te_j = Ae_j$ に他ならない．任意のベクトル $x = (x_1, \cdots, x_m)$ の像 $x' = Ax$ は，x_j を重みとした（列）ベクトル a^j の線型結合:

$$x' = A\left(\sum_j x_j e_j\right) = \sum_j x_j a^j$$

である．

逆に，$\mathbb{R}^m$ からそれ自身への任意の線型変換 T は，標準基底についての行列表現 $A = [a_{ij}]$ として一意に表される．行列 A の第 j 列 $a^j = (a_{1j}, \cdots, a_{mj})$ は，ベクトル e_j の T による像である．これらから，行列 A が可逆であることと，対応する線型変換 T が全射である（すなわち，T による $\mathbb{R}^m$ の像は $\mathbb{R}^m$ 自身である）こと，同じことであるが m 個のベクトル a^j が**線型独立**（$\sum_j \alpha_j a^j = 0$ であれば，すべての j に対して $\alpha_j = 0$）であることとは同値であることがわかる．

$\mathbb{R}^m$ からそれ自身への線型変換 T は，$\mathbb{R}^m$ の基底の選び方によって異なった行列表現をもつ．$\mathbb{R}^m$ の新しい基底，すなわち m 個の線型独立なベクトルの集まり $\bar{e}_1, \cdots, \bar{e}_m$ を考えよう．$(p_{1j}, \cdots, p_{mj})$ を標準基底についての $\bar{e}_j$ の座標とし，P は j 列が $\bar{e}_j$ である行列，すなわち，$P = [p_{ij}]$ とする．前の段落の議論から P は逆行列 P^{-1} をもつことがわかる．古い（標準）基底についての座標が $x = (x_1, \cdots, x_m)$ である $\mathbb{R}^m$ のベクトルが，新しい基底についての座標 $y = (y_1, \cdots, y_m)$ をもつ．すなわち，このベクトルは新しい基底を形成するベクトル $\bar{e}_j$ の，重み y_j による線型結合，すなわち $\sum_j y_j \bar{e}_j$ として一意

に表される．新旧の座標間の関係は，ベクトル等式

$$\sum_i x_i e_i = \sum_j y_j \bar{e}_j = \sum_j y_j \left(\sum_i p_{ij} e_i \right)$$

によって得られる．これから各 i に対して $x_i = \sum_j p_{ij} y_j$ 行列の記法では $x = Py, y = P^{-1}x$ が導かれる．

行列の記法を用いると，与えられた線型変換 T は標準基底では写像 $x \mapsto x' = Ax$ によって，新しい基底では，$y \mapsto y' = By$ によって表現される．解析的には，行列 B は変数変換 $x = Py$ によって A から定まり，これにより $B = P^{-1}AP$ となる．先ほどと同様に，B の j 列は，T による $\bar{e}_j$ の像の新しい基底についての座標を表す．

$\mathbb{R}^m$ からそれ自身への線型変換 T には，適切な基底を選ぶことによって扱いやすい行列表現が与えられる．本章の残りは，そのような行列表現，つまり T の実標準形（すなわち **実ジョルダン標準形**）について述べる．

まずはじめに，T が ブロック対角行列表現可能な場合について考える．$E_1, \cdots, E_r$ を $\mathbb{R}^m$ の（線型）部分空間の集まりとする．すなわち，任意の E_h は $\mathbb{R}^m$ の部分集合で，加法とスカラー積の演算に対して閉じており，x, y が E_h の元であって α が実数であるなら，$x + y$ と αx は E_h の元となる．$\mathbb{R}^m$ の任意の元 x が，$x = x_1 + \cdots + x_r$（但し，どの h に対して x_h は E_h の元）の形の唯一の表現をもつとき，$\mathbb{R}^m$ はそれらの線型部分空間の**直和**になっているという．さらに，任意の部分集合 E_h が T によって **不変** であること，すなわち，x が E_h の元であるならば Tx も E_h の元であることを仮定する．それぞれの E_h に対して基底を選び，E_h の基底の元の和集合をとって $\mathbb{R}^m$ の基底をつくると，その基底について T はブロック対角形の表現

$$B = \mathrm{diag}\{B_1, \cdots, B_r\} = \begin{bmatrix} B_1 & & \\ & \ddots & \\ & & B_r \end{bmatrix}$$

をもつ．これは，B_h が互いの角を接して対角線上に並び，それ以外の部分は 0 であることを意味する（ここでの記法では，0 の要素は空白にしている）．任意のここで各 B_h は，T を不変部分空間 E_h に制限した写像 T_h を表している．

逆に T がブロック対角行列表現をもつような $\mathbb{R}^m$ の基底があるとしよう。E_h を基底ベクトルで張られる線型部分空間とし，その基底ベクトルの像は部分行列 B_h からなる行列 B の列であるとする。そのとき E_h は T によって不変でかつ $\mathbb{R}^m$ は E_h の直和となる。まとめると，

命題 1.1.1. T を $\mathbb{R}^m$ からそれ自身への線型変換とする。T がブロック対角行列表現をもつことと，各 E_h が T 不変でかつ，$\mathbb{R}^m$ が T 不変な線型部分空間 $E_h(h=1,\cdots,r)$ の直和で表されることとは同値である。

T の実標準行列表現は，各不変部分空間は E_h を適切な基底を用いて T の（このすぐ後で定義される）"実一般化固有空間" と見なすことで得られる。

1.1.1 互いに相異なる固有値

A を標準基底における T の行列表現とする。T の **固有値**λ とは，複素数であって，$A\xi = \lambda\xi$ がゼロでない複素解 ξ（但し，ξ は m 次元ベクトル）をもつようなものである。そのようなゼロではない解 ξ を λ に対応する（T の）**固有ベクトル**と呼ぶ。$A\xi = \lambda\xi$ の（0 もしくは 0 でない）解 ξ で張られる空間を λ に伴う **固有空間** と呼び，$E(\lambda)$ と書く。

$E(\lambda)$ は，複素ベクトル空間である。すなわち，ξ, η が $E(\lambda)$ の元で，z が複素数であるならば，$\xi + \eta$ や $z\xi$ はまた，$E(\lambda)$ の元となる。しかしながら，λ が実であるならば，$A\xi = \lambda\xi$ は，$\mathbb{R}^m$ 内に ゼロではない解 x，すなわち**実固有ベクトル** をもつ。このときそれゆえ，**実固有空間**$F(\lambda)$ は，$A\xi = \lambda\xi$ の実解全体の集合で定義する。$F(\lambda)$ は $\mathbb{R}^m$ の線型部分空間であり，$E(\lambda)$ はその"複素化" である。すなわち，$E(\lambda)$ の任意の元 ξ は，$F(\lambda)$ の元 u, v と，$i = \sqrt{-1}$ を用いて，$u + iv$ の形に表される。

固有値が実でないとき，すなわち $\lambda = a + ib$ で $b \neq 0$ のとき，λ に伴うすべての固有ベクトル ξ は実でない，すなわち $\mathbb{R}^m$ の元 u, v で $v \neq 0$ なるものを用いて $u + iv$ の形に表される。そのとき，λ の 複素共役，すなわち $\overline{\lambda} = a - ib$ もまた，固有値であり，$\xi = u + iv$ が $E(\lambda)$ の元であることとその複素共役 $\overline{\xi} = u - iv$ が $E(\overline{\lambda})$ の元であることとは同値である。このことは，$A\xi = \lambda\xi$ が複素共役を通して，$A\overline{\xi} = \overline{\lambda}\,\overline{\xi}$ と同値であることから導かれる。次に $E(\lambda) + E(\overline{\lambda})$ に属する $\mathbb{R}^m$ のベクトル全体の集合，すなわち，$E(\lambda)$

と $E(\overline{\lambda})$ の元 ξ,η を用いて $\xi+\eta$ の形に書ける $\mathbb{R}^m$ のベクトルを考えよう。もし, $\xi = u+iv$ が $E(\lambda)$ もしくは $E(\overline{\lambda})$ に属するならば, $u = (\xi+\overline{\xi})/2$, $v = (\xi-\overline{\xi})/2i$ であるから u, v は $F(\lambda)$ の元となる。集合 $F(\lambda)$ は $\mathbb{R}^m$ の線型部分空間であり, $E(\lambda)+E(\overline{\lambda})$ はその複素化となっている。$F(\lambda)$ は, 固有ベクトルを含まないのでいささか言葉の乱用ではあるが, 実数ではない固有値 λ (もしくは $\overline{\lambda}$) に伴う実固有空間と呼ぶことにする。

明らかにすべての固有空間 $E(\lambda)$ もしくは $F(\lambda)$ は T によって不変である。固有値 λ は, 代数方程式

$$p(\lambda) \equiv \mathrm{Det}(A - \lambda I) = 0$$

を複素数の範囲で解くことによって得られる。但し, I は m 次単位行列であり, $p(\lambda)$ は $A - \lambda I$ の行列式である。$p(\lambda)$ は T (もしくは A) の**特性多項式**とよばれる。その次数は m である。特性多項式 $p(\lambda) = 0$ が m 個の異なる解をもつとき, T は互いに**相異なる固有値**をもつという。以下の結果は, T が互いに相異なる固有値をもつとき, 単純な行列表現をもつことを示している。

定理 1.1.2. T を相異なる固有値をもつ $\mathbb{R}^m$ からそれ自身への線型変換とする。そのとき, 任意の固有空間 $E(\lambda)$ は 1 次元である。実固有値を $\lambda_1, \cdots, \lambda_r$ として実数でない固有値を $\mu_1, \overline{\mu}_1, \cdots, \mu_s, \overline{\mu}_s$ であるとする。ここで, 各 k に対して $\mu_k = a_k + ib_k, b_k > 0$ であり, $r+2s = m$ である。このとき, $\mathbb{R}^m$ は, 実固有空間 $F(\lambda_1), \cdots, F(\lambda_r), F(\mu_1), \cdots, F(\mu_s)$ の直和となる。各 $F(\lambda_h)$ の次元は 1 であり, 各 $F(\mu_k)$ の次元は 2 である。これらの固有空間は T によって不変である。さらに, $\mathbb{R}^m$ には, T が

$$B = \begin{bmatrix} \lambda_1 & & & & & & \\ & \ddots & & & & & \\ & & \lambda_r & & & & \\ & & & D_1 & & & \\ & & & & \ddots & \\ & & & & & D_s \end{bmatrix},$$

但し, $D_k = \begin{bmatrix} a_k & -b_k \\ b_k & a_k \end{bmatrix}$ $(k = 1, \cdots, s)$

の形のブロック対角行列表現をもつような基底が存在する.

注意 1.1.3. この定理では,基底は次のように得られる.はじめの r 個の元は,$F(\lambda_h)$ ($h = 1, \cdots, r$) に属する実固有ベクトル x_h である.各 $k = 1, \cdots, s$ に対して $\{v_k, u_k\}$ は $F(\mu_k)$ の基底であり, $u_k + i v_k$ は $E(\mu_k)$ に属する固有ベクトルである.全体の基底は $\{x_1, \cdots, x_r, v_1, u_1, \cdots, v_s, u_s\}$ となる.詳細に関しては, Hirsch and Smale (1974), Chapter 4, Section 2 を見よ.

1.1.2 多重固有値

ここでは,T が多重固有値をもつ場合について見てみよう.特性多項式は常に

$$p(\lambda) \equiv (\lambda_1 - \lambda)^{n_1} \cdots (\lambda_q - \lambda)^{n_q}$$

という形に分解できる.但し,λ_i は T の互いに異なる固有値で,n_i は λ_i の**重複度**である.$n_1 + \cdots + n_q = m$ で,$n_i \geq 2$ なる i が存在すれば T は多重固有値をもつ.

そのような場合には,"一般化"固有ベクトルならびに"一般化"固有空間の概念を導入する必要がある.λ を T の固有値,n をその重複度とする.λ に伴う**一般化固有空間** $E^*(\lambda)$ とは,$(A - \lambda I)^n \xi = 0$ の解である m 次元複素ベクトル ξ が作る空間である.ξ が $E^*(\lambda)$ の元で $\xi \neq 0$ ならば,ξ は**一般化固有ベクトル**という.もちろん,$n = 1$ のときには,これらは通常の意味での固有空間と固有ベクトルになる.

先ほど実固有ベクトルと実固有空間を定義するのに上で用いた議論は,ここでも同様に適用できる.λ が実数のとき,$E^*(\lambda)$ 内のすべての実ベクトルからなる空間を,λ に伴う**実一般化固有空間** $F^*(\lambda)$ と呼ぶ.x が $F^*(\lambda)$ の元で $x \neq 0$ ならば,それは一般化固有ベクトルである.もし,λ が実数でないとき,λ に伴う**実一般化固有空間** $F^*(\lambda)$ を,$E^*(\lambda) + E^*(\bar{\lambda})$ のすべての実ベクトルの集合で定義する.λ が実数でないときには,一般化固有ベクトルは $F^*(\lambda)$ には存在しないため,再びこの定義においてもいささか言葉の乱用を

していることになる。

$E^*(\lambda)$ の次元は n であることがわかる。λ が実数のとき $F^*(\lambda)$ の次元は n で，そうでないときは $2n$ である。$E^*(\lambda)$ と $F^*(\lambda)$ は T に関して不変であることも容易にわかる。

定理 1.1.4. T が $\mathbb{R}^m$ からそれ自身への線型変換とする。$\lambda_1,\cdots,\lambda_r$ を互いに相異なる実固有値とし（ただし，固有値 λ_h の重複度を n_h とする）$\mu_1,\overline{\mu}_1,\cdots,\mu_s,\overline{\mu}_s$ を互いに相異なる実数でない固有値とする（$\mu_k = a_k + ib_k$，$b_k > 0$，固有値 M_k の重複度を n_k とする）。そのとき，$\mathbb{R}^m$ は実一般化固有空間 $F^*(\lambda_1),\cdots,F^*(\lambda_r),F^*(\mu_1),\cdots,F^*(\mu_s)$ の直和となる。$F^*(\lambda_h)$ の次元は n_h であり，一方で，$F^*(\mu_k)$ の次元は $2n_k$ である。それぞれの固有空間は，T によって不変である。

さらに，$\mathbb{R}^m$ は，T が以下のようなブロック対角行列表現をもつような基底をもつ：

$$B = \mathrm{diag}\{\Lambda_1,\cdots,\Lambda_r,\Delta_1,\cdots,\Delta_s\} = \begin{bmatrix} \Lambda_1 & & & & & \\ & \ddots & & & & \\ & & \Lambda_r & & & \\ & & & \Delta_1 & & \\ & & & & \ddots & \\ & & & & & \Delta_s \end{bmatrix}.$$

ここで，

1) 各 $h = 1,\cdots,r$ に対して行列 Λ_h は n_h 次元ブロック対角形で，対角線上のすべてのブロックが以下の形：

$$\begin{bmatrix} \lambda_h & & & \\ 1 & \ddots & & \\ & \ddots & \ddots & \\ & & 1 & \lambda_h \end{bmatrix} \quad \text{もしくは} \quad \lambda_h$$

をもつ。Λ_h 内に現れるこのようなブロックの個数は固有空間 $E(\lambda_h)$ の次元に等しい。

2) 各 $k=1,\cdots,s$ に対して行列 Δ_k は $2n_k$ 次元ブロック対角形で，対角線上のすべてのブロックが以下の形：

$$\begin{bmatrix} D_k & & & \\ I_2 & \ddots & & \\ & \ddots & \ddots & \\ & & I_2 & D_k \end{bmatrix} \quad \text{もしくは,} \quad D_k$$

をもつ．但し，$D_k = \begin{bmatrix} a_k & -b_k \\ b_k & a_k \end{bmatrix}$ であり，I_2 は 2 次元の単位行列である．これらのブロックの数は固有空間 $E(\mu_k)$ の次元に等しい．

上のブロック対角行列表現は T の**実標準形**（または**実ジョルダン標準形**）とよばれる．また，対角線上のブロックの順序を除いてブロック対角表現は唯一つに定まる．もちろん，固有値が互いに相異なる場合，すなわちすべての h と k に対して $n_h = n_k = 1$ であるときには定理 1.1.2 の行列表現になる．上の定理から，行列 A が可逆であることと，どの固有値も 0 でないこととは同値であることが導かれることに注意せよ．

注意 1.1.5. この定理では，$\mathbb{R}^m$ の基底は実一般化固有空間 $F^*(\lambda_1)$, $\cdots$, $F^*(\lambda_r)$, $F^*(\mu_1)$, $\cdots$, $F^*(\mu_s)$ の基底をこの順番に並べた和集合である．$F^*(\mu_k)$ に対して，基底は $\{v_1, u_1, \cdots, v_s, u_s\}$ の形となる．但し，$\{u_1 + iv_1, \cdots, u_s + iv_s\}$ は，$E^*(\mu_k)$ の基底である．詳細は Hirsch and Smale (1974, Chapter 6, Section 4, ならびに Appendix III) を見よ．

1.2 陰関数定理

G を $\mathbb{R}^m$ の開部分集合 W から $\mathbb{R}^m$ への写像とする．G が W の任意の点で h 階連続偏微分可能 ($h = 1, \cdots, r$) であるとき C^r 級という．G が連続，全単射でかつ逆写像 G^{-1}（$G(W)$ から W への写像）も連続なとき，G を同相写像とよび，G が全単射，C^r 級で逆写像も C^r 級のとき，G を C^r 級微分同相写像とよぶ．

1.2 陰関数定理

G が C^1 級のとき，W の点 x における 1 階偏微分の行列を x における G のヤコビ行列とよび，$DG(x)$ とかく．

次の定理は，C^r 級写像が局所的に微分同相写像になる条件を与える．

定理 1.2.1. （逆関数定理）．G を $\mathbb{R}^m$ の開集合 W から $\mathbb{R}^m$ への C^r 級写像 ($r \geq 1$) とする．また，x を W の点とし，ヤコビ行列 $DG(x)$ は可逆であるとする．このとき，x の開近傍 U で G の U への制限が開集合 $G(U)$ の上への C^r 級微分同相写像となるようなものが存在する．

本定理の条件下において，$G^{-1}: G(U) \to U$ は G の局所的な逆関数という．逆関数定理を応用することによって，いつ $F(x,y) = c$ が解けて，少なくとも局所的に $y = G(x)$ という形の関数関係が構成できるかを知ることができる．

定理 1.2.2. （陰関数定理）．W を $\mathbb{R}^m \times \mathbb{R}^p$ の開集合とし，F を W から $\mathbb{R}^p$ への C^r 級写像 $(x,y) \mapsto F(x,y)$ であるとする．ここで x,y は，それぞれ $\mathbb{R}^m, \mathbb{R}^p$ の元である．また，W の元 (x_0, y_0) が $F(x_0, y_0) = c$ を満たし，写像 $F(x_0, .)$ のヤコビ行列が $y = y_0$ で可逆であるとする．このとき，$x_0 \in U$, $y_0 \in V, U \times V \subset W$ を満たす開集合 $U \subset \mathbb{R}^m, V \subset \mathbb{R}^p$，および任意の $x \in U$ に対して

$$F(x, G(x)) = c$$

となるような C^r 級写像 $G: U \to V$ が唯一つ存在する．さらに，$x \in U$, $y \in V$ で $y \neq G(x)$ ならば，$F(x,y) \neq c$ が成り立つ．

文 献 案 内

1.1 節の内容は線型代数に関するさまざまな文献で確認できる．本章に関する記述は，Hirsch and Smale (1974) ならびに Palis and De Melo (1982, Chapter 2.2) を参考にした．逆関数定理と陰関数定理の証明は Hirsch and Smale (1974, Appendix IV) を参照せよ．

第2章

線型差分方程式と非線型差分方程式

本章とそれに続く二つの章では，

$$x_{n+1} = G(x_n) \tag{2.1}$$

の形の差分方程式によって生み出される軌道の定性的ふるまいを考察する．ここで，G は $\mathbb{R}^m$ の開集合 U から $\mathbb{R}^m$ への写像である．まずはじめに行うことは，G の不動点（定常解もしくは平衡点ともよばれる），すなわち $\overline{x} = G(\overline{x})$ を満たす U の元 $\overline{x}$ の近傍での解析である．特に G が連続微分可能であるなら，(2.1) で生み出される軌道は，不動点 $\overline{x}$ の十分近くでは一般に (2.1) の"線型化"版である

$$x_{n+1} - \overline{x} = DG(\overline{x})(x_n - \overline{x}) \tag{2.2}$$

の軌道とよく似たものになる．ここで，$DG(\overline{x})$ は不動点における G のヤコビ行列を意味する．

(2.1) のような系がよく現れるのは以下の状況である．（物理，社会）系の状態 y_n が

$$F(y_{n+1}, y_n, \cdots, y_{n-N}) = 0 \tag{2.3}$$

を満たしていると仮定する．ここで各 y は $\mathbb{R}^p$ の元で F は $\mathbb{R}^{p(N+2)}$ の開集合 W から $\mathbb{R}^p$ への C^r 級写像である．$\overline{y}$ を不動点，すなわち $F(\overline{y}, \cdots, \overline{y}) = 0$ を満たす $\mathbb{R}^p$ のベクトルであって $\overline{y}$ における写像 $y \mapsto F(y, \overline{y}, \cdots, \overline{y})$ のヤコビ行列が可逆であると仮定する．陰関数定理（定理 1.2.2）から，$\overline{y}$ の近傍において (2.3) は y_{n+1} に関して可解となる．すなわち，$(\overline{y}, \cdots, \overline{y})$ を含む $\mathbb{R}^{p(N+1)}$

の開集合 U と $\overline{y}$ を含む $\mathbb{R}^p$ の開集合 V が存在して，U の元 $(y_n, \cdots, y_{n-N})$ と V の元 y_{n+1} に対して $(y_{n+1}, y_n, \cdots, y_{n-N})$ が (2.3) を満たすような C^r 級写像 $H : U \to V$ が唯一つ存在することと,

$$y_{n+1} = H(y_n, \cdots, y_{n-N}) \tqquad (2.4)$$

とは同値となる．結果として得られる "時間遅れ" 差分方程式は，$x_n = (y_n, \cdots, y_{n-N})$ ならびに $x_{n+1} = (y_{n+1}, \cdots, y_{n-N+1})$ を，それぞれ U の元 x_n に対応させる写像 G を考えることによって (2.1) の形に帰着される．ここで，y_{n+1} は (2.4) で与えられる．$\overline{x} = (\overline{y}, \cdots, \overline{y})$ が G の不動点であることと $\overline{x}$ における G のヤコビ行列が

$$DG(\overline{x}) = \begin{bmatrix} D_0 H & D_1 H & \cdots & D_N H \\ I_p & 0 & & \\ & \ddots & \ddots & \\ & & I_p & 0 \end{bmatrix}$$

の形をもつことを注意しよう．ここで，$D_k H$ $(k = 0, \cdots, N)$ は $(\overline{y}, \cdots, \overline{y})$ で評価された，成分 y_{n-k} に関する H の偏微分の行列であり，I_p は p 次単位行列である．$DG(\overline{x})$ が可逆であることと $D_N H$ 自身が可逆であることとは同値であることが容易に確認できる．この場合，逆関数定理 1.2.1 により，十分小さい U を選び，G が開集合 $G(U)$ への C^r 級微分同相写像となるようにすることができる．

2.1 安定性

G を $\mathbb{R}^m$ の開部分集合 U から $\mathbb{R}^m$ への写像としたとき，差分方程式 (2.1) を考えよう．U の任意の元 x に対して，(2.1) を繰り返し用いることによって，$x_0 = x, x_1 = G(x), \cdots, x_n = G^n(x)$ $(n \geq 0)$ なる x の**軌跡**(もしくは**軌道**) を構成することができる．ここで，$G^n(x)$ は x の n 回の**反復**であり，$G^n(x) = G(G^{n-1}(x))$ によって帰納的に定義される．もちろん，適当な n に対して，$G^n(x)$ は U に含まれないこともある．その場合，軌道は G の定義

域を離れて，有限の $n \geq 0$ に対してのみ定義される．x は，**不変集合** K に属する（すなわち $U \supset K \supset G(K)$）ならば，任意の $n \geq 0$ に対して x の軌道が定義される．特に，$U = \mathbb{R}^m$ ならば，軌道は任意の x に対して定義される．

G の不動点を $\bar{x}$ とする．$\bar{x}$ を含む U の任意の開部分集合 V に対して，$\bar{x}$ を含む V の開部分集合 V_1 が存在して，任意の $x \in V_1$ の反復 $G^n(x)$ がすべての $n \geq 0$ に対して定義されて，それが V に属するとき，不動点 $\bar{x}$ は **安定** であるという[1]．さらに，任意の $x \in V_1$ に対して，$G^n(x)$ と $\bar{x}$ との間の距離が $n \to +\infty$ によって 0 に収束する場合，不動点 $\bar{x}$ は**漸近安定**という[2]．安定でない不動点を**不安定**であるという．

注意 2.1.1. 上述の（漸近）安定の概念は不動点に限らず他の不変集合 K に対しても適用できる．

注意 2.1.2. 本章の解析は **周期軌道** の近くで何がおこっているかを調べる際に適用できる．$\bar{y} \in U$ に対して，$G^n(\bar{y}) = \bar{y}$ $(n \geq 2)$ であり，$j = 1, \cdots, n-1$ に対して，$G^j(\bar{y}) \neq \bar{y}$ であるとする．このとき $\bar{y}$ は周期 n の周期点であり，対応する周期軌道は $\bar{y}, G(\bar{y}), \cdots, G^{n-1}(\bar{y})$ で定義される．写像 $F = G^n$ は，少なくとも $\bar{y}$ の小さな開近傍 V において定義されている．G に関する周期軌道の安定性もしくは不安定性は，F に関する不動点 $\bar{y}$ の安定性もしくは不安定性と同値である．

2.2 変数変換

(2.1) で表されている形式が本質的なのではない．実際，我々は常に $y = h(x)$ の形式の変数変換をおこなうことができる．ここで，y は $\mathbb{R}^m$ の元で，h は $\mathbb{R}^m$ から $\mathbb{R}^m$ への同相写像である．変数変換した後に得られる差分方程式は $y_{n+1} = F(y_n)$ であり，$F = h \circ G \circ h^{-1}$ は $h(U)$ から $\mathbb{R}^m$ への写像である（実際は，h は U と $G(U)$ とを共に含む開集合の上でのみ定義されていれば十分である）．その二つの写像 F と G は位相共役と呼ばれる．もし h が C^r 級の微分同相写像であるときには，それらは C^r 共役であるという．明らか

---

[1] 訳注：文献によってはこれをリアプノフ安定と呼ぶこともある（例えば，國府 (2000)）．
[2] 訳注：同様にこれを安定と呼ぶこともある．

に，互いに共役な二つの差分方程式（すなわち二つの写像）は，（変数変換の効果を除くと）同じ軌道を生み出す．それゆえ，それらは**等価**であると見なされる．

そのような等価の関係は局所的にのみに成り立つかもしれない．$\bar{x}$ を G の不動点とし，不動点 $\bar{y}$ をもつ別の写像 $y \mapsto F(y)$ を考えよう．$\bar{x}$ の開近傍 V と $\bar{y}$ の開近傍 W が存在して，G の V への制限が F の W への制限として位相共役（または C^r 共役）となるとき，G は F に局所位相共役（または局所 C^r 共役）であるという．この場合，$\bar{x}$ に十分近い G によって生成される軌道のみが，$\bar{y}$ の近くの F によって生成される軌道と等価である．

写像間すなわち差分方程式間の等価の概念は重要である．なぜならば，解析し難い差分方程式に適当な変数変換を施してより扱いやすい形に移し変えることによって，軌道の定性的特徴がより鮮明に観察されることがあるためである．この等価の概念は，極めて自然に構造安定性の概念に繋がっていく．

方程式 (2.1) によって，物理現象や経済現象の発展を描写しようとしても，得られた詳細が完全に正しいと確信することはできない．それゆえ，信頼できる結果を得るためには，わずかに摂動を加えた場合でも，変数変換の効果を除いて，定性的なふるまいに変化が見られない写像 G を扱うべきである．正確には，$G : U \to \mathbb{R}^m$ が C^r 級であるとして，すべての C^r 級写像 $F : U \to \mathbb{R}^m$ からなる空間に C^r 位相[3]（すなわち，コンパクト集合上で関数値ならびに r 階までの微分係数が一様収束する位相）を入れる．C^r 位相に関する G の近傍 V を適当に選んで，V に属する G にすべての C^r 摂動が G と位相共役となるようにすることができるとき，写像 G は C^r 級 **構造安定** という．構造安定な写像が生み出す軌道の定性的特徴は微小摂動によって変わらない．

構造安定性も局所的にのみ考えられる必要もある．$\bar{x}$ の開近傍 V が存在して G の V への制限が C^r 級構造安定であるとき，C^r 級写像 $G : U \to \mathbb{R}^m$ は（不動点 $\bar{x}$ の近くで）C^r 級局所構造安定であるという．

上述の構造安定性の概念を考察する際には写像 G の十分小さな摂動を考えている．表現する現象の特性（例えば，対称性）に応じて写像に何らかの制限を課す場合には，もちろん摂動や構造安定性もその制限に応じて定義する

---

[3] 訳注：ここでの定義は通常広義の C^r 位相と呼ばれるもの．

ことになる。

注意 2.2.1. 差分方程式はより一般的には多様体の上で定義される（$\mathbb{R}^m$ の部分集合 M の任意の元に対してその近傍を適当に選ぶと，V から $\mathbb{R}^m$ への C^r 級微分同相写像が存在するような近傍 V をもつとき，M は $m(\leq p)$ 次元 C^r 級多様体という）。我々は，特別な状況でのみ，そのようなより一般的な形を考える必要がある。しかし，不動点近傍の軌道の定性的な性質の研究は適切な変数変換を通して本書の解析に帰着できる。差分方程式 $y_{n+1} = F(y_n)$ を考えよう。ここで，F は，m 次元 C^r 級多様体 M の開部分集合から M への写像である（M の任意の点 y の近傍 V に対して V から $\mathbb{R}^m$ の上への C^r 級微分同相写像が存在する）。F が連続で，$\bar{y}$ が F の不動点であるならば，$\bar{y}$ の開近傍 W で W と $F(W)$ がともに V の部分集合となるようなものが存在する。W の元 y に対して $x = h(y)$ なる変数変換を施すことにより，F の W への制限は，写像 $G : U \to \mathbb{R}^m$ に C^r 共役となる。ここで，$U = h(W)$ であり，$G = h \circ F \circ h^{-1}$ である。

2.3 線型差分方程式

x を $\mathbb{R}^m$ の元，A を m 次正方行列とするとき，

$$x_{n+1} = Ax_n \tag{2.5}$$

の形の線型差分方程式は，それ自体興味深い研究対象である。それに加えて，前に述べたように，(2.1) の形の非線型差分方程式の軌道は，不動点 $\bar{x}$ の十分近くであるならば，定性的には線型化版 (2.2) の軌道のようにふるまう。

(2.5) の自明な不動点は原点 $x = 0$ であり，その安定性を決定することが重要である。(2.5) の反復によって $\mathbb{R}^m$ の元 x_0 からはじまる軌道は，$x_n = A^n x_0$ で与えられるため，解析は難しくはない。ここで，任意の $n \geq 0$ に対して，A^n は A の n 回反復である。A^n を計算することは容易ではないかも知れないが，定理 1.1.4 を用いることによって次のような線型の変数変換 $x = Py$ の存在がわかる。ここで P は可逆であり，(2.5) を

$$y_{n+1} = By_n \tag{2.6}$$

へ変換する．なお，$B = P^{-1}AP$ は A の実標準形式である．行列 B はブロック対角，すなわち $B = \text{diag}\{B_1, \cdots, B_p\}$ であるのではるかに扱いやすい．ここで，各 B_i は，固有値（もし実数でなければ加えてその共役固有値）に伴う一般化実固有空間 F_i^* に対応する行列であり，標準基底を備える．固有空間は (2.6) の作用に不変であるので，各方程式 $\xi_{n+1} = B_i \xi_n$ を別々に解くことができる．ここで，ξ は固有空間 F_i^* におけるベクトルであり，$\xi_n = B_i^n \xi_0$ が導かれる．(2.6) の解は，各固有空間に伴う解をまとめることによって得られ，変数変換 $x = Py$ を施すことによって元の問題の解を得ることができる．

2.3.1 相異なる固有値

A が異なる固有値をもつとき，B の形は定理 1.1.2 で与えられた．実固有値 λ に対応する実固有空間 $F(\lambda)$ に注目すると 1 次元差分方程式 $\xi_{n+1} = \lambda \xi_n$ もしくは，同等のことであるが，$\xi_n = \lambda^n \xi_0$ に帰着される．ここで実数 ξ_n は，$F(\lambda)$ における y_n の座標である．それゆえ，もし $|\lambda| > 1$ ならば，ゼロではない任意の初期値 ξ_0 に対して，$|\xi_n|$ は $+\infty$ に単調に発散する．$|\lambda| < 1$ ならば，列は 0 に収束して，$\lambda = 0$ のとき (写像 $\xi \mapsto \lambda \xi$ は，非可逆であり)，すべての点は 1 回の写像によって 0 になる．$\lambda = 1$ ならば，$F(\lambda)$ の任意の点は不動点であり，$\lambda = -1$ ならば，固有空間内の 0 以外のすべての点は周期 2 の周期点となる．(2.6) を $F(\lambda)$ に制限することによって，B は $\lambda > 0$ のとき向きを保ち，また，$\lambda < 0$ のとき，向きを反転させる．

一方，実数でない固有値 $\mu = a + ib$（但し $b > 0$）に対応する実固有空間 $F(\mu)$ は，2 次元差分方程式

$$\xi_{n+1} = D\xi_n, \quad \text{但し} \quad D = \begin{bmatrix} a & -b \\ b & a \end{bmatrix}$$

もしくは，同じことであるが，$\xi_n = D^n \xi_0$ に帰着される．ここで，2 次元ベクトル ξ_n は，$F(\mu)$ の標準基底における y_n の座標を意味する．$\rho = |\mu| \neq 0$ ならびに $0 < \theta < \pi$ として $a = \rho \cos\theta, b = \rho \sin\theta$ を定義すると，$\mathbb{R}^2$ における D の作用は，原点を中心として角度 θ の回転を施した後，原点中心で相似比 ρ の相似変換をしたものになっている．図 2.1 を見よ．ゆえに，

2.3 線型差分方程式

$$D^n = \rho^n \begin{bmatrix} \cos n\theta & -\sin n\theta \\ \sin n\theta & \cos n\theta \end{bmatrix}$$

となる．

$|\mu| > 1$ でかつ，$\xi_0 \neq 0$ であるとき常に列 $|\xi_n|$ は単調に $+\infty$ に発散する．$|\mu| < 1$ のとき，それは単調に 0 に収束する（そのため，写像 $\xi \mapsto D\xi$ は縮小的となる）．$|\mu| = 1$ ならば，D は，原点のまわりの角度 θ の回転である．それゆえ，任意の自然数 n に対して，$|y_n| = |y_0|$ が成り立ち，中心が原点である任意の円は，D によって不変である．$p,\ q$ を互いに素な自然数として θ が $2\pi p/q$ の形であるならば，平面上の任意の点 $y \neq 0$ は周期的であり，$D^q y = y$ なので周期は q である．$\theta/2\pi$ が無理数ならば，平面上の任意の点は周期的ではなく，$y_0 \neq 0$ によって生み出される軌道は，実際，原点を中心とし半径 $|y_0|$ の円周上で稠密になる．すべての場合において，(2.6) を実固有空間 $F(\mu)$ に制限したものは向きを保つ．

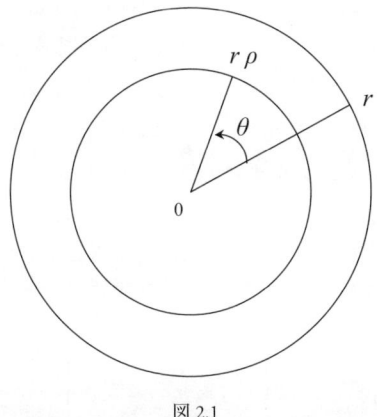

図 2.1

ひとつ重要な注意をここで述べておく．$\xi \mapsto D\xi$ に関して上で述べてきた縮小（もしくは拡大）の性質は，$\mathbb{R}^2$ のユークリッド・ノルム $|\xi|$ を用いた場合にも成り立つ．別の座標系において表現される場合（例えば，Q を可逆な2次の行列として $x = Q\xi$ なる変数変換を施し，ユークリッド・ノルム $|x|$ をそのまま用いた場合）には一般的にはこの性質は成り立たない．しかしなが

ら，ノルム $\|x\| = |Q^{-1}x|$ を選んだときには，明らかに，写像 $x \mapsto QDQ^{-1}x$ が，$\xi \mapsto D\xi$ と同様な縮小的もしくは拡大的な性質をもつ．

2.3.2 多重固有値

A が多重固有値を持てば，実標準形式 B はより複雑になりもう少し注意が必要になる．多重実固有値 λ の場合をまず考えよう．定理 1.1.4 で述べたように，実標準形式における実一般化固有空間 $F^*(\lambda)$ に対応する行列 Λ はブロック対角的であり，以下の形のブロックで構成される：

$$L = \begin{bmatrix} \lambda & & & \\ 1 & \ddots & & \\ & \ddots & \ddots & \\ & & 1 & \lambda \end{bmatrix}.$$

このような行列 L を考える．$p \geq 2$ をその次元とする（$p = 1$ の場合はすでに異なる固有値の場合として考察した）．L に伴う標準基底の要素によって張られる部分空間のみに着目すると，L を調べることは，方程式 $\xi_{n+1} = L\xi_n$ もしくは $\xi_n = L^n \xi_0$ ($n \geq 0$) を調べることに帰着される．ここで，p 次元ベクトル ξ_n は，考察している部分空間内での (2.6) における y_n の座標を表している．

L^n を楽に計算するために $L = S + N$ であることを注意しよう．ここで，対角行列 S は λI_p であり，

$$N = \begin{bmatrix} 0 & & & \\ 1 & \ddots & & \\ & \ddots & \ddots & \\ & & 1 & 0 \end{bmatrix}$$

である．二つの行列 S と N は可換，すなわち $SN = NS$ であり，

$$L^n = \sum_{h=0}^{n} \left(\frac{n!}{h!(n-h)!} \right) \lambda^{n-h} N^h,$$

となる[4]。ここで $N^0 = I_p$ である。

$$N^2 = \begin{bmatrix} 0 & & & & & \\ 0 & \ddots & & & & \\ 1 & \ddots & \ddots & & & \\ & \ddots & \ddots & & & \\ & & 1 & 0 & 0 & \end{bmatrix}, \cdots, N^{p-1} = \begin{bmatrix} & & \\ & & \\ 1 & & \end{bmatrix}, N^p = 0$$

であることは容易に示される。ξ_n の成分は以下の公式によって与えられる

$$(\xi_n)_1 = \lambda^n (\xi_0)_1,$$

$$(\xi_n)_2 = \lambda^n (\xi_0)_2 + (n) \lambda^{n-1} (\xi_0)_1,$$

$$(\xi_n)_p = \lambda^n (\xi_0)_p + (n) \lambda^{n-1} (\xi_0)_{p-1} + \cdots + \left(\frac{n!}{s!(n-s)!} \right) \lambda^{n-s} (\xi_0)_{p-s}.$$

ここで $s = \mathrm{Min}(n, p-1)$ である。これから，n を $+\infty$ に近づけたとき，$|\lambda| < 1$ ならば $|\xi_n| \to 0$ となり，$\xi_0 \neq 0$ で $|\lambda| > 1$ ならば $|\xi_n| \to +\infty$ である。しかしながら，収束（もしくは発散）は，必ずしも単調であるとはかぎらない。

しかし，$|\lambda| < 1$ ならば写像 $\xi \mapsto L\xi$ が（$|\lambda| > 1$ ならば逆写像 $\xi \mapsto L^{-1}\xi$ が）縮小写像になるようなノルム $\|\xi\|$ が存在することを示すことができる。$|\lambda| = 1$ であるならば，原点は不安定である。(2.6) を $F^*(\lambda)$ に制限したものは，$\lambda \geq 0$ もしくは $\lambda < 0$ でかつ λ の重複度が偶数ならば向きを保存し，$\lambda < 0$ でかつ λ の重複度が奇数ならば向きを反転させる。

多重非実固有値 $\mu = a + ib, b > 0$ の場合は，同様の方法で扱うことができる。定理 1.1.4 によれば，実標準形式において実一般化固有空間 $F^*(\mu)$ に伴う行列 Δ はブロック対角であり，以下の形のブロックで構成される：

---

[4] 訳注：原文中の二項係数の記法が日本ではあまり一般的ではないため変更した。

$$M = \begin{bmatrix} D & & & \\ I & \ddots & & \\ & \ddots & \ddots & \\ & & I & D \end{bmatrix} \quad \text{但し,} D = \begin{bmatrix} a & -b \\ b & a \end{bmatrix} \quad I = \begin{bmatrix} 1 & \\ & 1 \end{bmatrix}.$$

ここで，M を $2q(q \geq 2)$ 次元の行列とする（$q = 1$ の場合は，異なる固有値の場合としてすでに解析した）．M に対応する標準基底の要素で張られる部分空間に注目すると，M を調べることは，方程式 $\xi_{n+1} = M\xi_n$，すなわち数列 $\xi_n = M^n \xi_0, n \geq 0$ を調べることに帰着される．ここで ξ_n は，考えている部分空間における (2.6) での y_n 座標を意味する．

ここで，

$$S = \begin{bmatrix} D & & \\ & \ddots & \\ & & D \end{bmatrix}, \quad N = \begin{bmatrix} 0 & & & \\ I & \ddots & & \\ & \ddots & \ddots & \\ & & I & 0 \end{bmatrix}$$

とすれば，$M = S + N$ が得られる．行列 S と N は可換であり，それゆえ

$$M^n = \sum_{h=0}^{n} \left(\frac{n!}{h!(n-h)!} \right) D^{n-h} N^h$$

となる．D^{n-h} は相異なる固有値の場合と同様に与えられる．もし $a = \rho\cos\theta$，$b = \rho\sin\theta$（但し，$\rho = |\mu|$ かつ $0 < \theta < \pi$）ならば，

$$D^{n-h} = \rho^{n-h} \begin{bmatrix} \cos(n-h)\theta & -\sin(n-h)\theta \\ \sin(n-h)\theta & \cos(n-h)\theta \end{bmatrix}$$

となる．N^h の場合には，

$$N^2 = \begin{bmatrix} 0 & & & & \\ 0 & \ddots & & & \\ I & \ddots & \ddots & & \\ & \ddots & \ddots & \ddots & \\ & & I & 0 & 0 \end{bmatrix}, \ldots, N^{q-1} = \begin{bmatrix} & \\ I & \end{bmatrix}, N^q = 0$$

であることを容易に示すことができる。ξ_n の成分は 実固有値の場合と同様に $\xi_n = M^n \xi_0$ から計算可能である。ここで，ξ_n のそれぞれの成分は以下の項

$$\left(\frac{n!}{h!(n-h)!}\right)\rho^{n-h}\cos(n-h)\theta, \quad \left(\frac{n!}{h!(n-h)!}\right)\rho^{n-h}\sin(n-h)\theta,$$

という形の項の線型結合であることを注意すれば十分であろう。ここで，$h = 0, \cdots, \mathrm{Min}(n, q-1)$ であり，ξ_n は初期値 ξ_0 によって決定される。この場合も，$n \to \infty$ のとき，$\rho = |\mu| < 1$ ならば $|\xi_n| \to 0$ であり，$\xi_0 \neq 0$ でかつ $|\mu| > 1$ ならば $|\xi_n| \to +\infty$ である。

収束もしくは発散は必ずしも単調である必要はない。しかし，$|\mu| < 1$ の場合には，写像 $\xi \mapsto M\xi$（$|\mu| > 1$ の場合には，逆写像 $\xi \mapsto M^{-1}\xi$）が縮小写像となるようなノルム $\|\xi\|$ が存在する。$|\mu| = 1$ であるならば，原点は不安定である。すべての場合に，(2.6) を $F^*(\mu)$ に制限したものは，向きを保存する。

これで (2.6) の解は完全に解析されたことになる。解の重要な性質の一つは次のとおりである：

定理 2.3.1. $y_n = B^n y_0$ ($n > 0$) の任意の成分は次の項の線型結合である：

$$\left(\frac{n!}{h!(n-h)!}\right)\rho^{n-h}\cos(n-h)\theta, \quad \left(\frac{n!}{h!(n-h)!}\right)\rho^{n-h}\sin(n-h)\theta.$$

ここで，$\lambda = \rho(\cos\theta + i\sin\theta)$ は多重度 $k \geq 1$ の固有値である。$h = 0, \cdots, \mathrm{Min}(n, k-1)$ で，重みが初期値ベクトル y_0 によって決定される（実固有値は $\theta = 0, \pi$ に対応する）。(2.5) の解は，線型変換 $x_n = Py_n$ によって得られる。

この定理より，(2.5) の解は (2.6) の解と定性的には同様の性質をもつことがわかる。いまひとつの重要な知見は (2.6)（ならびに (2.5)）における原点の安定性に関するものである。結果をきれいに表現するために以下の記法を導入する。$\lambda_1, \cdots, \lambda_r$ を A の互いに異なる実固有値とし，$\mu_1, \overline{\mu}_1, \cdots, \mu_s, \overline{\mu}_s$ を互いに相異なる非実固有値とする。原点の**安定空間** F^s は，$|\lambda_h| < 1$（もしくは $|\mu_k| < 1$）を満たすような実一般化固有空間 $F^*(\lambda_h)$（もしくは $F^*(\mu_k)$）のすべてのベクトルによって張られる空間として定義される。**不安定空間** F^u は，$|\lambda_h| > 1$（もしくは $|\mu_k| > 1$）を満たすような実一般化固有空間 $F^*(\lambda_h)$（もしくは $F^*(\mu_k)$）のすべてのベクトルによって張られる空間である。中心

空間 F^c は，絶対値が 1 の固有値に対応する実一般化固有空間のすべてのベクトルによって張られる空間である。F^s, F^u, F^c のそれぞれはもちろん (2.5) で不変である。さらに，次が成り立つ。

定理 2.3.2. (2.5) の $x_0 \neq 0$ なる任意の解 $x_n = A^n x_0$ が次の条件を満たすような，$\mathbb{R}^m$ のノルム $\|\cdot\|$ と二つの定数 $0 \leq k_s < 1 < k_u$ が存在する。すなわち

1. 任意の自然数 n に対して，$x_0 \in F^s$ ならば $\|x_n\| \leq k_s^n \|x_0\|$
2. 任意の自然数 n に対して，$x_0 \in F^u$ ならば $\|x_n\| > k_u^n \|x_0\|$
3. $x_0 \in F^c$ のとき，列 x_n は 0 に収束しない

A の任意の固有値が $|\lambda| < 1$ を満たすとき，原点は沈点（シンク）であるという。同様にいずれかの固有値が $|\lambda| < 1$ を満たし，他の固有値が $|\lambda| > 1$ を満たせば原点は鞍点（サドル）であり，すべての固有値に対して $|\lambda| > 1$ を満たすとき，湧き出し点（ソース）である。

2.3.3 構造安定性

明らかに，線型写像 $x \mapsto Ax$ は，仮に一つ（もしくはそれより多く）の固有値が絶対値 1 である場合，($\mathbb{R}^m$ を線型に適用したクラスにおいてさえも）構造安定にはなり得ない。中心空間 F^c にある軌道は，行列 A を微小に摂動することによって取り除くことができる。もし，一つ（もしくはそれより多く）の固有値が 0 の場合にも，構造安定にはなり得ない。しかしながら，もしこの二つの "境界" の場合が排除できるならば，線型写像が構造安定であることを期待できる。この予想は次の事実で確認できる。

定理 2.3.3. m 次行列 A の固有値の絶対値が 0 でも 1 でもないとする。このとき，線型写像 $x \mapsto Ax$ は $\mathbb{R}^m$ のすべての線型写像のクラスにおいて構造安定である。

2.4 双曲型不動点

非線型差分方程式
$$x_{n+1} = G(x_n) \tag{2.7}$$
に戻ろう．ここで写像 $G: U \to \mathbb{R}$ は C^r 級であり，$\bar{x}$ は G の不動点とする．$\bar{x}$ の近くでこの方程式の解を調べる一般的な手続きは，方程式を線型化してその線型化方程式
$$y_{n+1} = DG(\bar{x})y_n \tag{2.8}$$
の解を解析することである．ここで，$DG(\bar{x})$ は $\bar{x}$ における G のヤコビ行列である．以下の事実から，この手続きが，$DG(\bar{x})$ が可逆（零固有値を持たない）で，$\bar{x}$ が双曲型不動点，すなわち，$DG(\bar{x})$ が絶対値 1 の固有値を持たない場合には，妥当であることがわかる．

定理 2.4.1. G を $\mathbb{R}^m$ の開部分集合 U から $\mathbb{R}^m$ への C^r 級写像 ($r \geq 1$) であるとする．$\bar{x}$ は，ヤコビ行列 $DG(\bar{x})$ が可逆であるような双曲型不動点であるとする．そのとき，G は，線型写像 $y \mapsto DG(\bar{x})y$ に局所的に位相共役となる．

前章の解析から，定理の条件下では，$DG(\bar{x})$ のすべての固有値 λ が $|\lambda| < 1$ ならば不動点 $\bar{x}$ は漸近安定となり，固有値のうちの一つでも $|\lambda| > 1$ であるならば不安定となることがわかる．実際には，この結果は $DG(\bar{x})$ のいくつかの固有値が 0 である場合にも成り立つ．

系 2.4.2. G を $\mathbb{R}^m$ の開部分集合 U から $\mathbb{R}^m$ への C^r 級写像 ($r \geq 1$)，$\bar{x}$ はその双曲型不動点であるとする．そのとき，$DG(\bar{x})$ のすべての固有値 λ が $|\lambda| < 1$ を満たすならば，$\bar{x}$ は漸近安定であり，$|\lambda| > 1$ となる λ が存在するならば不安定である．

前の節 (定理 2.3.3) の線型写像の構造安定性に関する結果をみると，それから期待されるように，次の命題が成り立つ．

系 2.4.3. 定理 2.4.1 の仮定の下で，G は局所構造安定である．

2.5 不変多様体

線型差分方程式 $x_{n+1} = Ax_n$ の解を考察する際に定理 2.3.2 で導入された 3 つの不変部分空間 (行列 A の安定空間 F^s, 不安定空間 F^u, 中心空間 F^c) のそれぞれで何がおこるかを区別してみるとよい. 類似の分解は少なくとも局所的, すなわち不動点 $\bar{x}$ の近くにおいては, 非線型差分方程式 $x_{n+1} = G(x_n)$ の場合にも成り立つ. ヤコビ行列 $DG(\bar{x})$ の安定空間, 不安定空間, 中心空間に接する局所不変曲面が, これらの空間の役割を果たす.

具体的に言えば, $G: U \to \mathbb{R}^m$ が C^r 級 $(r \geq 1)$ であって $\bar{x}$ がその不動点であるとする. $\bar{x}$ の近傍 V が与えられたとして, **局所不変多様体** $W_{(\bar{x})}$ は $\bar{x}$ を通る C^1 級多様体であって V に含まれ, $x \in W_{(\bar{x})}$, $x \in V$ かつ $G(x) \in V$ であるならば $G(x) \in W_{(\bar{x})}$ となるものである. **局所安定多様体** $W_{(\bar{x})}^s$ は, $\bar{x}$ においてヤコビ行列 $DG(\bar{x})$ の安定部分空間 F^s に接する (そしてそれと同じ次元をもつ). 同様に, **局所不安定 (もしくは中心) 多様体** $W_{(\bar{x})}^u$ (もしくは $W_{(\bar{x})}^c$) は, $\bar{x}$ において, $DG(\bar{x})$ の不安定 (もしくは中心) 空間 F^u (もしくは F^c) に接する (そしてそれと同じ次元をもつ).

定理 2.5.1. $\bar{x}$ を $\mathbb{R}^m$ の開部分集合 U から $\mathbb{R}^m$ への C^r 級写像 $G(r \geq 1)$ の不動点とする. このとき,

1. V において唯一つの局所安定多様体 $W_{(\bar{x})}^s$ が存在する. それは C^r 級である.

2. もし $DG(\bar{x})$ が可逆であるならば, 唯一の局所不安定多様体 $W_{(\bar{x})}^u \subset V$ が存在する (それは局所的な逆写像 G^{-1} の局所安定多様体である). それは C^r 級である.

3. $r \geq 2$ と仮定する. V において (一般に一意的ではない) $W_{(\bar{x})}^c$ が存在する. それは, C^{r-1} 級であり, 局所的には吸引的である: 任意の自然数 n に対して x ならびに $G^n(x)$ が V の元であるならば, $G^n(x)$ と $W_{(\bar{x})}^c$ の距離は $n \to +\infty$ のとき 0 に近づく.

を満たすような $\bar{x}$ の近傍 V が存在する．

もちろん，上の命題においては，これらの空間のうちの一つの空間 F の次元が 0 であるならば（空間が原点に縮退してしまうならば）対応する局所多様体は消える．図 2.2 は $\mathbb{R}^2$ における双曲型不動点の局所安定多様体と局所不安定多様体を描いている．

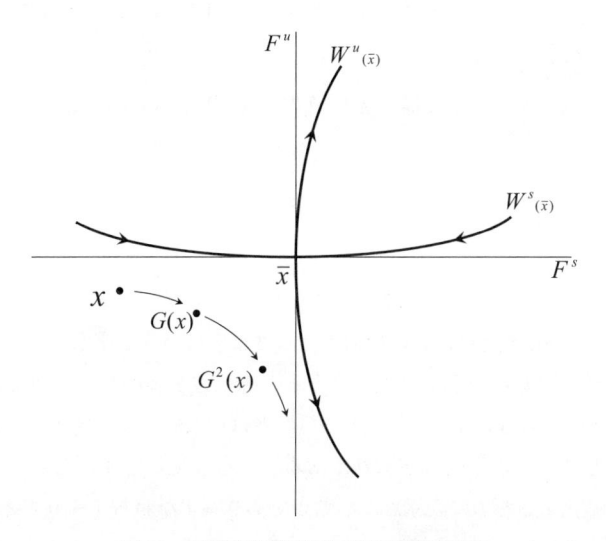

図 2.2 局所安定多様体と局所不安定多様体

2.5.1 局所安定多様体ならびに局所不安定多様体上のふるまい

局所安定多様体と局所不安定多様体は $\bar{x}$ の近くでヤコビ行列 $DG(\bar{x})$ の安定空間 F^s と不安定空間 F^u に微分同相的であるので，定理 2.4.1 からの類推によって，G をこれらの多様体へ制限したものは，$\bar{x}$ の近くでは線型写像 $x \mapsto DG(\bar{x})x$ を F^s もしくは F^u に制限したもののようにふるまうことが期待される．実際，次が成り立つ．

定理 2.5.2. G を定理 2.5.1 と同様のものとし，$DG(\bar{x})$ が可逆であると仮定する．B^s と B^u をそれぞれ安定空間 F^s と 不安定空間 F^u に対応する $DG(\bar{x})$ の標準形式の部分行列であるとする．このとき次が成り立つ：

1. G を局所安定（不安定）多様体に制限したものは線型写像 $x \mapsto B^s x$, $x \in F^s$ ($x \mapsto B^u x, x \in F^u$) に局所位相共役である．

2. $\delta > 0$ が十分小さい場合には，以下を満たす $\mathbb{R}^m$ のノルム $\|x\|$ と二つの定数 $k^s < 1 < k^u$ が存在する：

    a. $\|x - \overline{x}\| < \delta$ を満たす任意の $x \in W^s_{(\overline{x})}$ に対して $\|G(x) - \overline{x}\| \leq k^s \|x - \overline{x}\|$.

    b. $\|x - \overline{x}\| < \delta$ を満たす任意の $x \in W^u_{(\overline{x})}$ に対して $\|G(x) - \overline{x}\| \geq k^u \|x - \overline{x}\|$.

2.5.2 局所中心多様体上のふるまい

定理 2.5.1 の条件 3 は，不動点付近の任意の回帰的ふるまい（例えば周期軌道）は，局所中心多様体において発生せねばならないことを示している．そのような多様体の明示的表現はおこりうる非線型性を説明し，有用である．それは，以下の手続きによって得られる（読者は局所安定多様体と局所不安定多様体に対してもその手続きが有効であることを容易に示すことができよう）．記号を簡略化するために，原点が不動点であり（すなわち $\overline{x} = 0$ である），線型の変数変換は，ヤコビ行列 $DG(\overline{x})$ をその実標準形式 $\mathrm{diag}\{C, B\}$ にうつすと仮定する．ここで，C は，中心空間 F^c に対応し，B は安定空間，不安定空間 F^s, F^u の直和に対応する．定理 2.5.2 の記号では，$B = \mathrm{diag}\{B^s, B^u\}$ である．新しい座標系 (ξ, η)（但し，$\xi \in F^c, \eta \in F^s + F^u$）においては，差分方程式 $x_{n+1} = G(x_n)$ は以下のようになる：

$$\begin{aligned}\xi_{n+1} &= C\xi_n + f(\xi_n, \eta_n), \\ \eta_{n+1} &= B\eta_n + g(\xi_n, \eta_n).\end{aligned} \quad (2.9)$$

但し，f と g は原点の適当な近傍で定義されている．構成から f と g は C^r 級 ($r \geq 2$) であり，$\xi = 0, \eta = 0$ での f, g の値とその 1 階偏導関数の値とはともに 0 に等しい．

原点において局所中心多様体 $W^c_{(\overline{x})}$ が F^c（$\eta = 0$ の空間）に接して C^{r-1} 級関数 $\eta = \gamma(\xi)$ のグラフとして描けるので，それは F^c に含まれる $\xi = 0$ を

中心とした十分小さな開球 V において定義されて，γ もその 1 階偏導関数も $\xi = 0$ で 0 になる．図 2.3 を見よ．原点の近傍で関数 γ は，$W^c_{(\overline{x})}$ が局所的に不変であることを表す方程式によって陰的に与えられる．すなわち，ξ と $C\xi + f(\xi, \gamma(\xi))$ が V の元になる場合には常に

$$B\gamma(\xi) + g(\xi, \gamma(\xi)) = \gamma[C\xi + f(\xi, \gamma(\xi))] \qquad (2.10)$$

となる（これは ξ が十分小さい場合には正しい）．そのような関数 γ が与えられると，差分方程式を局所中心多様体に制限したものは，(2.9) において $\eta_n = \gamma(\xi_n)$, $\eta_{n+1} = \gamma(\xi_{n+1})$ とおくことによって得られる．明らかに，それを F^c 上に射影することによって同等の差分方程式を得ることができる．すなわち，成分 ξ に対応する方程式のみを考えることによって，

$$\xi_{n+1} = C\xi_n + f(\xi_n, \gamma(\xi_n)) =: \Gamma(\xi_n),\ \xi_n \in V \qquad (2.11)$$

となる．局所中心多様体における軌道は $\xi = 0$ の近くで F^c において "縮約して得られた差分方程式" を用いることによって解析される．

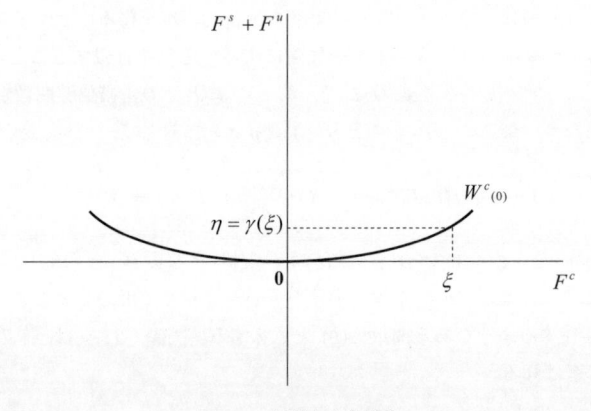

図 2.3 局所中心多様体

2.5.3 局所的に等価な力学

これまで，局所安定多様体，中心多様体，不安定多様体にある軌道に焦点を絞ってきた．次の事実はこれらの軌道が $\mathbb{R}^m$ において G で生成される不動

点の近くのふるまいを再構成するために必要なすべての情報を含んでいることを示している。G が線型写像の場合には，$\mathbb{R}^m$ の軌道はそれぞれの不変多様体にある軌道 "直積" と考えられる。局所安定多様体と不安定多様体は線型方程式 $\eta \mapsto B\eta$ ($\eta \in F^s + F^u$) に局所位相共役であり，この結果は以下のようにまとめられる。

定理 2.5.3. G を定理 2.5.1 と同様のものとし，$DG(\overline{x})$ は可逆であると仮定する。そのとき G は

$\eta \mapsto B\eta, \eta \in F^s + F^u$

$\xi \mapsto C\xi + f(\xi, \gamma(\xi)) = \Gamma(\xi)$，（但し，$B = \text{diag}(E^s, E^u)$）で，$\xi$ は十分小さいとする。

なる写像 B と局所位相共役である。

もちろん，ヤコビ行列 $DG(\overline{x})$ が絶対値 1 の固有値をもたないならば，これらの結果は定理 2.4.1. に帰着される。

注意 2.5.4. 一般に，(2.10) の解 γ の厳密な解析的表現を得ることはできない。しかしながら，$\xi = 0$ におけるテイラー展開によってそれを近似することができる。F^c から $F^s + F^u$ への C^1 級関数 T で，第一に T とその 1 階偏導関数が $\xi = 0$ において 0 となり，第二に $\xi \to 0$ のとき，$1 < p < r$ に対して

$$T[C\xi + f(\xi, T(\xi))] - BT(\xi) - g(\xi, T(\xi)) = O(|\xi|^p)$$

とする。このとき，$\xi \to 0$ で $\gamma(\xi) = T(\xi) + O(|\xi|^p)$ となる (Carr (1981), Section2.8) を見よ)。ここで，記号 $O(|\xi|^p)$ は，十分小さい ξ に対して $|\alpha(\xi)| < k|\xi|^p$ を満たす定数 k が存在するようなある関数 $\alpha(\xi)$ を意味する。実際，$T(\xi)$ は，γ のテイラー展開として選ばれる。

具体的には，f と g と共に，(2.10) における γ を $\xi = 0$ におけるテイラー展開として望む次数まで展開し，二つの係数が一致するように，γ のテイラー展開の未知の係数を得る。これは，特に，局所中心多様体が必ずしも一意的でないにもかかわらず，$\xi = 0$ におけるその偏導関数が一意的に決定されることを示している。最後に，γ を (2.11) においてテイラー近似 T に置き換えると，局所中心多様体における縮約差分方程式の近似的な解析的表現が出てくる。

2.5 不変多様体

もちろん，そのようなテイラー近似は同じように局所安定多様体，不安定多様体に適用できる．

文 献 案 内

2.3 節の線型差分方程式の扱いは，微分方程式を扱っている Hirsch and Smale (1974, Chapter 6) を参考としている．2.4 節の双曲的不動点の内容は，多くの力学系に関する文献 (例えば，Hartman (1964), Palis and De Melo (1982, Chapter 2.4), Guckenheimer and Holmes (1983, Chapter 1.4)) に記述されている．定理 2.5.3 は，Palis and Takens (1977) に従っている．微分方程式（ベクトル場）に対する類似の結果は p. 341 に述べられており（Guckenheimer and Holmes (1983, p. 130) も参照せよ），微分同相写像に対する結果は p. 340 にあるサスペンディングテクニックに従う．これに関しては，A. Chenciner 氏に教えていただいた．

第 3 章

局 所 分 岐

2.3 節で見たように，線型差分方程式は絶対値 1 の固有値をもつとき，周期軌道を生み出す．しかし，そのような周期軌道は力学系を定義している行列に微小な摂動が加わることにより消えてしまう．それに対して，非線型写像の場合，微小な摂動に対しても存在し続ける，すなわち構造安定な周期軌道を生成しうる．周期軌道の発生を解析する最も強力な道具は分岐理論であり，それが大抵の場合利用可能な唯一の手段である．

3.1 導　入

実パラメタ α をもつ差分方程式の族 $x_{n+1} = G_\alpha(x_n)$ を考えよう．ここで，G_α は，$\mathbb{R}^m$ の開集合 U から $\mathbb{R}^m$ への写像であり，α は 0 を含む開区間 I の元である．また G_α は (α, x) に関して C^r 級 $(r \geq 1)$ である．多くの場合，すべての α に対して，$G_\alpha(0) = 0$ であることを課す．これは，単に原点に移された不動点の族があることを意味する（注意 3.1.1 を参照せよ）．例えば，α を負から正に変化させたときに $\alpha = 0$ において G_α の生み出す軌道の定性的性質が変化する場合には，族 G_α は $\alpha = 0$ において 分岐するという．その軌道の構造変化が $x = 0$ の（α に依存しない）任意に小さな近傍で観察される場合，分岐は原点付近局所的であり，さもなくば大域的である．ここでは局所的な分岐に焦点をあてる．圧倒的に難しい大域的な分岐に関しては第 4 章

で簡単に紹介する。

定理 2.5.2 を見ると，局所的な分岐がおこるときに，$\alpha = 0$ においてヤコビ行列 $DG_\alpha(0)$ の固有値 λ_α が 0 を通過 ($\lambda_\alpha = 0$)，もしくは，$\alpha = 0$ における複素平面における単位円を交差する ($|\lambda_\alpha| = 1$)。しかしながら，$\lambda_\alpha = 0$ の場合は興味深くない。なぜならば，それは，局所的に向きを反転する写像から向きを保存する写像に変化するからである（小さな α, x に対して，$x_{n+1} = \alpha x_n + O(|x_n^2|)$ を考えてみよ）。取り得る任意の α に対してヤコビ行列 $DG_\alpha(0)$ が可逆であることを仮定し，重複度 1 の唯一つの固有値 λ_α （それが実数でない場合にはもちろん共役 $\overline{\lambda}_\alpha$ も同様）が $\alpha = 0$ で単位円を交差する場合に焦点をおく。これは余次元 1 の局所分岐とよばれる[1]。そこでは，3 つの場合が存在する：$\lambda_0 = +1$ ならばサドルノード（もしくはフォールド）分岐，$\lambda_0 = -1$ ならばフリップ分岐，λ_0 が実数でなければホップ分岐である。

考えている空間 $\mathbb{R}^m$ の次元が大きいとしても，局所的な分岐に伴うすべての回帰的なふるまいは，必ず $\alpha = 0$ で同時に単位円を交差する固有値の個数に等しい次元をもつ不変面（多様体）でおこる必要がある。問題の次元の遥減原理は局所的な中心多様体理論の結論として 3.5 節で述べられる。この注目すべき結果によって 1 次元曲線，すなわち実数直線上での差分方程式を用いて，（高次元力学系であっても）サドルノード分岐やフリップ分岐を直接研究することができる。一方，ホップ分岐は $\mathbb{R}^2$ の場合には直接調べることができる。それは，（実数でない）固有値 λ_α とその共役 $\overline{\lambda}_\alpha$ は，分岐点 $\alpha = 0$ で絶対値が 1 であるからである。

注意 3.1.1. ここでは，（物理学や社会科学において）よく現れる状況を紹介し，その状況がどのように定式化できるかを示す。第 2 章のはじめと同様に，与えられた物理，社会系の連続的な状態 y が

$$F(y_{n+1}, y_n, \cdots, y_{n-N}, \alpha) = 0 \tag{3.1}$$

を満たすと仮定する。ただし，y は $\mathbb{R}^p$ のベクトルであり，α は系を特徴づける実数，F は $\mathbb{R}^{p(N+2)+1}$ の開集合から $\mathbb{R}^p$ への C^r 級写像である。$\overline{y}$ を $\alpha = 0$ での不動点，

---

[1] 単位円を跨ぐ複数の多重固有値に由来する局所分岐はおこりにくいものの，とても扱いが難しい。

3.1 導入

すなわち，$F(\overline{y},\cdots,\overline{y},0) = 0$ を満たす $\mathbb{R}^p$ のベクトルとし，写像 $y \mapsto F(y,\overline{y},\cdots,\overline{y},0)$ のヤコビ行列が $y = \overline{y}$ で可逆であることを仮定する．陰関数定理を用いると以下が成り立つ．$\mathbb{R}^{p(N+1)+1}$ における $(\overline{y},\cdots\overline{y},0)$ の近傍 V ならびに，$\mathbb{R}^p$ における y の近傍 W，そして，C^r 級写像 $H : V \to W$ が存在して，$(y_{n+1},\cdots,y_{n-N},\alpha)$ が (3.1) を満たすことと，等式

$$y_{n+1} = H(y_n,\cdots,y_{n-N},\alpha) \tag{3.2}$$

が成り立つこととが同値である．但し，$(y_n,\cdots,y_{n-N},\alpha) \in V$ でかつ，$y_{n+1} \in W$ である．本文の定式化を得るために，変数 $x_n = (y_n,\cdots,y_{n-N})$ に対して V の任意の元 (x_n,α) を (3.2) によって与えられる y_{n+1} を用いてベクトル $x_{n+1} = (y_{n+1},y_n,\cdots,y_{n-N+1})$ にうつす写像 G を考察する．V を $\mathbb{R}^{p(N+1)}$ における $(\overline{y},\cdots,\overline{y})$ の近傍 U ならびに $\mathbb{R}$ における 0 の近傍 I の積に制限することができる．そのとき，$G(x,\alpha)$ は，$U \times I$ 上で定義される．別の言葉で述べると，$G_\alpha = G(.,\alpha)$ は，取り得る任意の α に対して，α とは独立な開集合 U 上で定義される．

$\overline{x} = (\overline{y},\cdots,\overline{y})$ は $\alpha = 0$ に対する不動点である，すなわち $G(\overline{x},0) - \overline{x} = 0$ であることを注意しておく．この不動点はもちろん変数の線型変換によって原点にうつすことが可能である．実際，本文で述べたように，取り得る任意の α に対して，$G(0,\alpha) = G_\alpha(0) = 0$ であることを仮定する．そのような定式化に導く手続きをここで述べる．

ヤコビ行列 $D_x G(\overline{x},0)$ が固有値 1 をもたないと仮定する．そのとき，再び陰関数定理によれば，不動点は小さい α に対して存在し続けねばならない．すなわち，方程式

$$x - G(x,\alpha) = 0 \tag{3.3}$$

は，$(\overline{x},0)$ の近くでは x に関して解けて唯一に定まる．具体的には，$\mathbb{R}$ における $\alpha = 0$ の開近傍 I，$\mathbb{R}^{p(N+1)}$ における $\overline{x}$ の開近傍 U と，I から U への C^r 級写像 $\alpha \mapsto \overline{x}_\alpha$ を適当に選ぶと，$x = \overline{x}_\alpha$ であるときまたそのときに限って，(3.3) が $U \times I$ 上で満たされるようにすることができる．任意の α に対して，$\overline{x}_\alpha$ を $\mathbb{R}^{p(N+1)}$ における原点にうつすことは，任意の可能な α に対して，$z = x - \overline{x}_\alpha$ なる変数変換を施すことによって実現される．これは，同等な族 $G^*(z,\alpha) = G(z+\overline{x}_\alpha,\alpha) - \overline{x}_\alpha$ を生み出す．但し，取り得る任意の α に対して，$G^*(0,\alpha) = 0$ となる．写像 $\alpha \mapsto \overline{x}_\alpha$ の連続性から，十分小さな δ をとれば，$|\alpha| < \delta$ なる α に対して，それぞれの写像が $\mathbb{R}^{p(N+1)}$ において 0 を中心とした小開球 U^* 上で確かに定義される．族 $G^* : U^* \to \mathbb{R}^{p(N+1)}$ に制限することによって，$|\alpha| < \delta$ の場合には，望ましい定式化を得る．

注意 3.1.2. 本節がもつ結果は差分方程式の族の周期軌道の近くの局所的な分岐に対しても応用可能である．写像 F_α で与えられる $\mathbb{R}^m$ における差分方程式の族を考えよう．ここで，それぞれは与えられた開集合上に定義されており，原点 $x=0$ は F_α の n 回反復の不動点である，すなわち，任意の α に対して，適当な $n>1$ で $F_\alpha^n(0)=0$ であり，$j=1,\cdots,n-1$ に対して $F_\alpha^j(0) \neq 0$ であると仮定する．そのとき，$x=0$ は周期 n の周期点であり，対応する周期軌道はそれぞれの α に対して，$0, F_\alpha(0), F_\alpha^2(0), \cdots, F_\alpha^{n-1}(0)$ である（このことは，周期軌道の族が存在して，その軌道上の周期点の一つを原点に移動してきたことを意味する）．本節のすべての結果は，族 $G_\alpha = F_\alpha^n$ を考えることによってそのまま周期軌道の場合に応用可能である．

3.2 サドルノード分岐

まず，C^r 級写像 $G: U \times I \to \mathbb{R}$ で定義される実数直線上の差分方程式である

$$x_{n+1} = G(x_n, \alpha) \equiv G_\alpha(x_n)$$

を考える．但し，U と I は，0 を含む実数直線上の開区間とする．その場合，パラメタ α を定める毎に，写像 G_α の軌道は図 3.1 に，示されるように平面 (x_n, x_{n+1}) におけるグラフを用いて容易に可視化される．不動点 $\bar{x}$ は，G_α のグラフと 45° 線の交点として描かれる．また，初期条件 x_0 に伴う軌道は図のような，矢印に従う．G_α の不動点 $\bar{x}$ は，$|\partial G / \partial x(\bar{x}, \alpha)| < 1$ のとき漸近安定であり，$|\partial G / \partial x(\bar{x}, \alpha)| > 1$ のとき不安定である．

$\alpha = 0$ のとき原点が不動点であるとする，すなわち，$G(0,0) = 0$ であり，$\partial G / \partial x(0,0) = +1$ であるとする．"一般的"条件 $\partial G / \partial \alpha(0,0) \neq 0$ と $\partial^2 G / \partial x^2(0,0) \neq 0$ を仮定する（それゆえ $r \geq 2$ で十分である）とサドルノード分岐が得られる．

図 3.2a は，$\partial G / \partial \alpha(0,0) > 0$ でかつ $\partial^2 G / \partial x^2(0,0) > 0$ の場合に，小さい α と x に対して，写像 G_α のグラフの様子を描写している．$\alpha < 0$ のとき，G_α は 0 の近くに 2 つの不動点をもち，左の不動点は漸近安定で，右の不動点は不安定である．$\alpha = 0$ では，原点の左の側は安定であり，右の側は不安定である．$\alpha > 0$ であるとき，G_α は，0 近傍に不動点を持たない．それ

3.2 サドルノード分岐

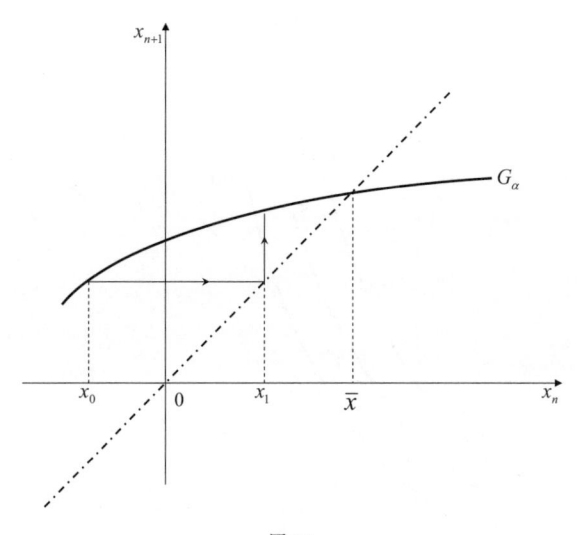

図 3.1

ゆえ，サドルノード分岐の場合には，異なる安定性をもつ二つの不動点が原点でぶつかって，消滅する．α と x が小さい場合の分岐の定性的性質を示している図 3.2b は，分岐図と呼ばれる．左の曲線は不動点の二つの枝である．矢印は，与えられた α に対して G_α の離散軌道がどこに向かうかを示す．

命題 3.2.1. （サドルノード分岐）．$G : U \times I \to \mathbb{R}$ で 1 パラメタ写像族を定義する．G は C^r 級写像 ($r \geq 2$) であり，U, I は，0 を含む実数直線上の開区間である．ここで次を仮定する：

(1) $G(0,0) = 0$; (2) $\dfrac{\partial G}{\partial x}(0,0) = 1$; (3) $\dfrac{\partial^2 G}{\partial x^2}(0,0) > 0$; (4) $\dfrac{\partial G}{\partial \alpha}(0,0) > 0$.

このとき，$\alpha_1 < 0 < \alpha_2$ ならびに $\varepsilon > 0$ であるものが存在する．
(i) $\alpha_1 < \alpha < 0$ ならば，$G_\alpha = G(.,\alpha)$ が二つの不動点 $x_{1\alpha} < 0 < x_{2\alpha}$ を $(-\varepsilon, \varepsilon)$ にもつ．不動点 $x_{1\alpha}$ は漸近安定であり，他方は不安定である．
(ii) $0 < \alpha < \alpha_2$ ならば，G は，$(-\varepsilon, \varepsilon)$ に不動点をもたない．

不動点の二つの枝，すなわち，$\alpha_1 < \alpha \leq 0$ に対する集合 $\{x_{1\alpha}, x_{2\alpha}\}$ の和

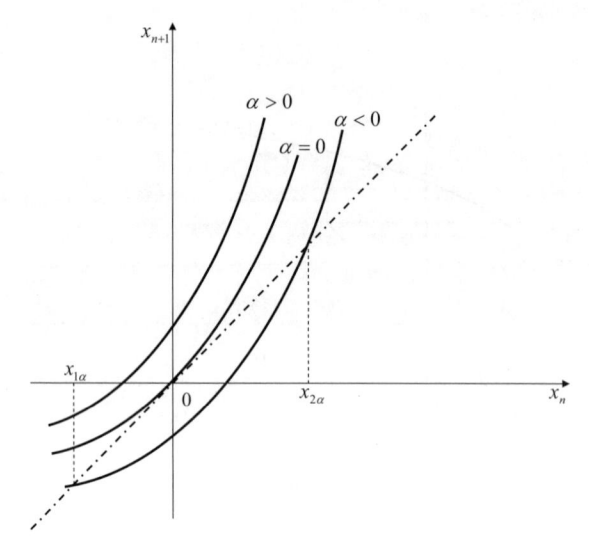

図 3.2a　サドルノード分岐

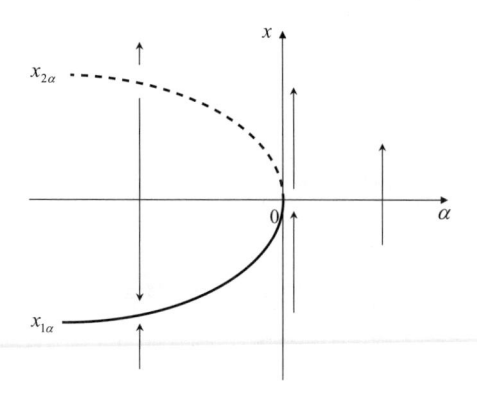

図 3.2b　サドルノード分岐ダイアグラム

集合を描写する図 3.2b の曲線は，実際，$x = 0$ で $\alpha = 0$ に接する C^{r-1} 級の 1 次元多様体である．もちろん，$\partial G/\partial \alpha(0,0) < 0$ の場合は，$\alpha \to -\alpha$ なるパラメタ変換をすると上記の場合と同一になる．読者は，(3) の不等式が逆になる場合の分岐ダイアグラムを容易に思い浮かべることができるであろう．α の正負の役割を変え，図 3.2b の矢印を逆向きにすることになる．

3.2.1 トランスクリティカル分岐

前述の分岐は "一般的" な状況を描写していた．しかしながら，考察した写像のクラスは限定的なものであり，別の分岐がおこることもある．よくある状況は，不動点が存続するような制限，もしくは同等のことであるが，不動点を原点にうつすように α に依存する適当な変数変換をすることによってすべてのパラメタ値に対して 0 が不動点になるようにする制限である．この場合，トランスクリティカル分岐がおこる．

前のように $G(x, \alpha)$ によって定義される写像の族で $\partial G/\partial x(0,0) = +1$ となる場合を考えよう．ここで，$\alpha = 0$ のときばかりでなく，任意の α に対して $G(0, \alpha) = 0$ となることを課す（このことから $\partial G/\partial \alpha(0,0) = 0$, すなわち，命題 3.2.1 の条件 (4) を満たさなくなる）が，"一般的な" 仮定 $\partial^2 G/\partial x^2(0,0) \neq 0$ を維持する．実際に分岐をするためには，α が 0 を通過する際に，$\partial G/\partial x(0, \alpha)$ が $+1$ を通過せねばならない．すなわち，$\partial^2 G/\partial x^2(0,0) \neq 0$ である．

図 3.3a は，$\partial^2 G/\partial x^2(0,0) > 0$ ならびに $\partial^2 G/\partial x \partial \alpha(0,0) > 0$ が成り立つときに，小さい α に対して，0 に近い G_α のグラフに何がおこるかを描写している．$\alpha < 0$ ならば，原点は漸近安定であるが，0 の近くに他に不安定な不動点 $x_{1\alpha} > 0$ が存在する．$\alpha > 0$ ならば，原点は不安定になり，0 の近くに他に漸近安定な不動点 $x_{1\alpha} < 0$ が存在する．それゆえ，トランスクリティカルな分岐では，分岐点で安定性が変化するような二つの不動点が存在する．対応する分岐図が図 3.3b に描かれている．

命題 3.2.2. （トランスクリティカル分岐）．$G : U \times I \to \mathbb{R}$ は写像の 1 パラメタ族を定義する．ただし，G は，C^r 級 $(r \geq 2)$ で，U, I は，0 を含む $\mathbb{R}$ の開区間とする．また，次を仮定する：

(1) 任意の α に対して $G(0, \alpha) = 0$; (2) $\dfrac{\partial G}{\partial x}(0,0) = 1$; (3) $\dfrac{\partial^2 G}{\partial x^2}(0,0) > 0$;

(4) $\dfrac{\partial^2 G}{\partial x \partial \alpha}(0,0) > 0.$

このとき，$\alpha_1 < 0 < \alpha_2$ ならびに，$\varepsilon > 0$ で以下の条件を満たすものが存在する:

(i) $\alpha_1 < \alpha < 0$ ならば，G_α が二つの不動点，0 と $x_{1\alpha} > 0$ を $(-\varepsilon, \varepsilon)$ にもつ．原点は漸近安定であり，もう一つの不動点は不安定である；

(ii) $0 < \alpha < \alpha_2$ ならば，G_α が二つの不動点，0 と $x_{1\alpha} < 0$ を $(-\varepsilon, \varepsilon)$ にもつ．原点は不安定であり，もう一つの不動点は漸近安定である。

さらに，図 3.3b における不動点の二つの枝，すなわち，$\alpha_1 < \alpha \leq 0$，もしくは $0 < \alpha < \alpha_2$，に対するすべての不動点 $x_{1\alpha}$ の和集合は，C^{r-1} 級の 1 次元多様体である。ここで，再び，$\partial^2 G/\partial x \partial \alpha (0,0) < 0$ は，$\alpha \to -\alpha$ なるパラメタ変換で扱える．読者は，(3) の不等式が逆になる場合の分岐図を容易に思い浮かべることができるであろう．α の正負の役割を変えて，図 3.3b の矢印を逆向きにすることになる。

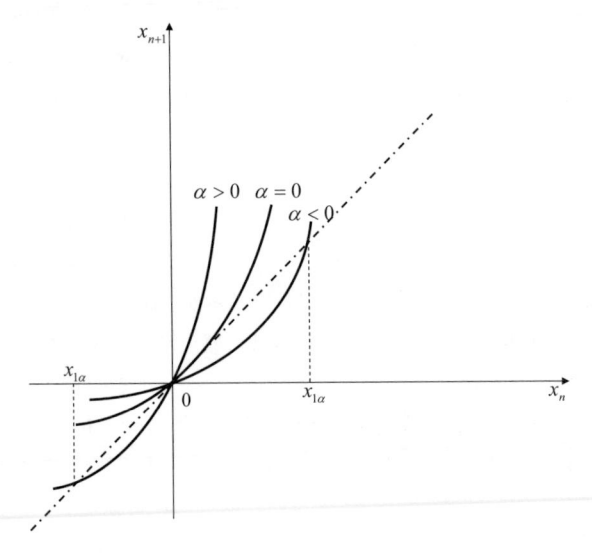

図 3.3a　トランスクリティカル分岐

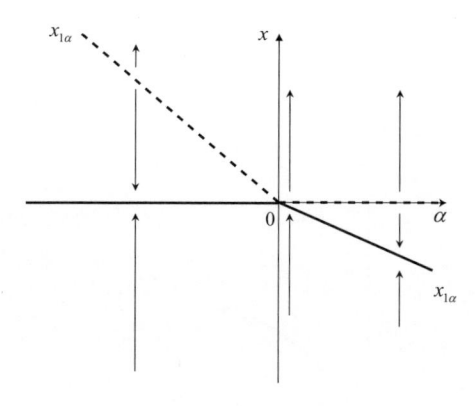

図 3.3b　トランスクリティカル分岐ダイアグラム

3.2.2　ピッチフォーク分岐

　もう一つの興味深い "非一般的な" 状況は，上の命題において $\partial^2 G/\partial x^2(0,0) = 0$ を仮定したときにおこる．G を C^3 級とし，原点での 3 階微分，すなわち $\partial^3 G/\partial x^3(0,0)$ が 0 でないとする．このとき，ピッチフォーク分岐がおこる．

　図 3.4a は，$\partial^3 G/\partial x^3(0,0) < 0$ のときに α が小さい状況で原点近くのグラフにおこることを描写している．$\alpha = 0$ に対して，グラフは $x = 0$ において変曲点をもち，原点は漸近安定である．もし $\alpha < 0$ ならば，G_α は，$x = 0$ が原点近くで唯一の不動点となる．そしてそれは漸近安定となる．$\alpha > 0$ ならば，G_α は，0 の近くで三つの不動点をもつ．原点は不安定な不動点であるが，他の二つは漸近安定である．このとき，族 G_α は**超臨界型** (スーパークリティカル) **ピッチフォーク分岐**をするという．不動点 $x = 0$ は α が負から正に変わるときに安定性を失い，安定不動点が一組生まれる．対応する分岐図は図 3.4b に描かれている．

命題 3.2.3.　（超臨界型ピッチフォーク分岐）．$G : U \times I \to \mathbb{R}$ は C^r 級 ($r \geq 3$)，$\partial^2 G/\partial x^2(0,0) = 0$，$\partial^3 G/\partial x^3(0,0) < 0$ であるということを除いて命題 3.2.2 と同じ条件とする．このとき，$\alpha_1 < 0 < \alpha_2$ で，$\varepsilon > 0$ で以下の条件を満たすものが存在する：

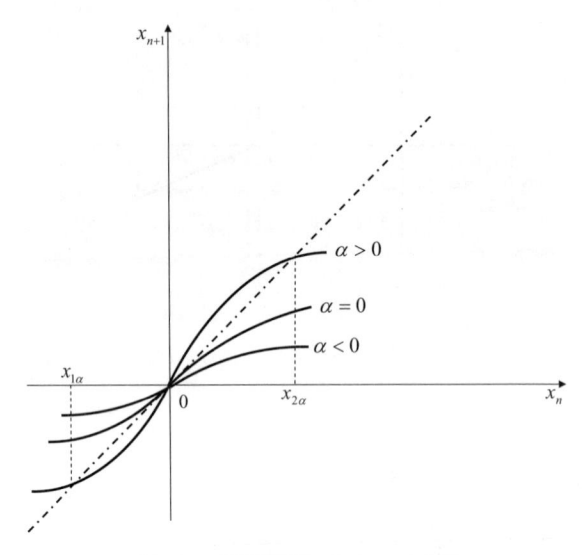

図 3.4a　超臨界型ピッチフォーク分岐

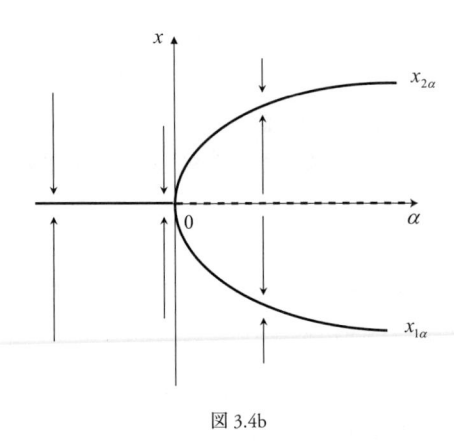

図 3.4b

3.2 サドルノード分岐

(i) $\alpha_1 < \alpha \leq 0$ ならば，G_α は唯一の不動点 $x = 0$ を $(-\varepsilon, \varepsilon)$ にもち，それは漸近安定となる；

(ii) $0 < \alpha < \alpha_2$ ならば G は三つの不動点を $(-\varepsilon, \varepsilon)$ にもつ。原点は不安定不動点であり，その他の二つ $(x_{1\alpha} < 0 < x_{2\alpha})$ は，漸近安定となる。

ここで再び，図 3.4b の不動点の二つの枝，すなわち，$0 \leq \alpha < \alpha_2$ に対する集合 $\{x_{1\alpha}, x_{2\alpha}\}$ の和集合は，$x = 0, \alpha = 0$ で x 軸に接する C^{r-1} 級の 1 次元多様体である。$\partial^2 G / \partial x \partial \alpha (0, 0) < 0$ の場合は，$\alpha \to -\alpha$ なる変数変換によって上と同等になる。より興味深い修正は，$\partial^3 G / \partial x^3 (0, 0) > 0$ の場合であり，このとき，いわゆる"亜臨界型ピッチフォーク分岐"がおこる。定性的に何がおこるかが図 3.5a に描かれており，対応する分岐図が図 3.5b に描かれている。分岐点 $\alpha = 0$ では，G_α のグラフは，以前と同様に $x = 0$ で変曲点となっている。しかし，原点はここでは不安定となる（超臨界型分岐の場合には，$\alpha = 0$ で $x = 0$ は安定であった）。$\alpha < 0$ に対しては，原点付近に三個の不動点が存在するが，$x = 0$ のみが漸近安定である。$\alpha \geq 0$ に対して，原点は $x = 0$ の近くで唯一の不動点であり，それは不安定である。

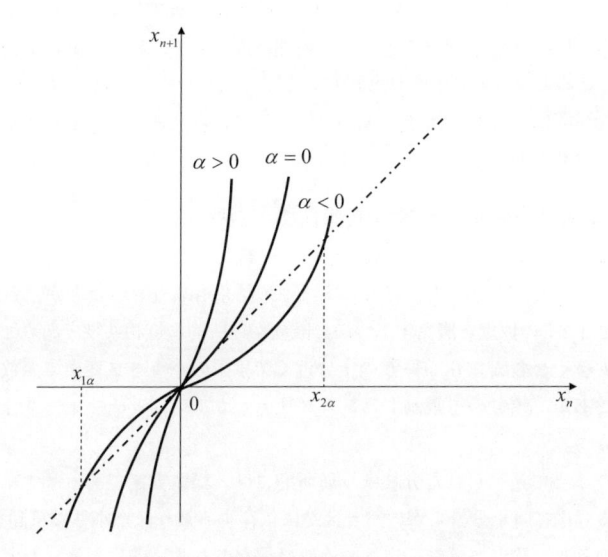

図 3.5a　亜臨界型ピッチフォーク分岐

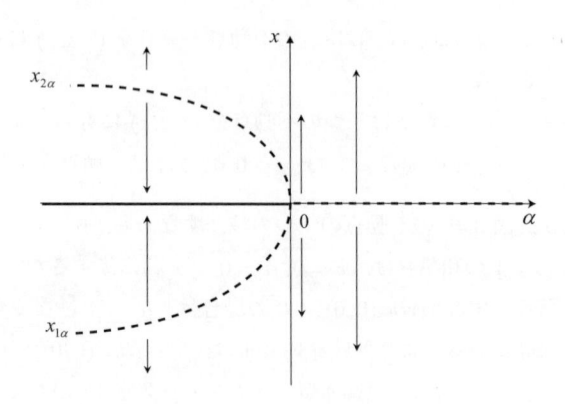

図 3.5b　亜臨界型ピッチフォーク分岐ダイアグラム

注意 3.2.4. α が下から 0 を通過するときに亜臨界型ピッチフォーク分岐をおこすなら，その局所的な逆写像の族 G_α^{-1} は α が上から 0 を通過するときに超臨界型分岐をおこすことを読者は容易に確認することができるだろう．局所的な逆写像の族は以下のように定義される．$\partial G/\partial x(0,0) \neq 0$ が成り立つので，陰関数定理から $G(x,\alpha) - y = 0$ は小さい x, α, y に対して，解 x が $x = F(y,\alpha)$ のように一意に書ける．但し，F は，V, J を 0 を含む二つの開区間として，$V \times J$ 上に定義されると仮定する．このとき，J の任意の元 α に対して，$F_\alpha = F(.,\alpha)$ は実は $G_\alpha = G(.,\alpha)$ の局所的な逆写像になり，族 F_α は，α が上から 0 を通過するときに超臨界型ピッチフォーク分岐をおこす．

注意 3.2.5. ここで議論されている局所分岐の定性的性質は $\alpha \mapsto \varphi(\alpha)$ のようにパラメタを変えて，α に依存した変数変換 $x \mapsto h(x,\alpha)$（但し，φ や $h(.,\alpha)$ は同相写像である）を施したときにも保存される．逆の結果も成り立つことが示される．例えば，命題 3.2.1 の仮定を満たす二つの分岐族が局所的に位相共役であるとする．それらは，少なくとも $\alpha = 0, x = 0$ の十分近くでは上のパラメタ変換や変数変換を除いて同一である．類似の主張がトランスクリティカルやピッチフォーク分岐に対しても成り立つ．

　最後に，ここで述べられた分岐は（局所的には）**構造安定**である，すなわち，族に含まれる写像に（十分滑らかにパラメタに依存するように）小さな摂動を加えた，変数変換の効果を除いて分岐の定性的性質は保存される．前にも述べたが，対照的に，族の写像が線型であると仮定する場合には，そのような構造安定性は成り立た

ない。

3.3 フリップ分岐

前の節では $G(x,\alpha)$ で定義される $\mathbb{R}$ 上の 1 パラメタ写像族が $\partial G/\partial x(0,0) = 1$ を満たすものを考えていた。ここでは，$\partial G/\partial x(0,0) = -1$ を満たすものを考える．族が前と同様に写像 $G : U \times I \to \mathbb{R}$ によって定義されるとする．ただし，G は C^3 級とする（3 階連続微分の必要性はすぐわかる）．任意の α に対して，$G(0,\alpha) = 0$ であるとし，$\partial G/\partial x(0,0) = -1$ と $\partial^2 G/\partial x \partial \alpha(0,0) < 0$ を満たすとする[2]．原点は任意の G_α の不動点であり，α が下から 0 を通過すると，原点における G_α のグラフの傾きは減衰して -1 を通過する．このとき G_α はフリップ分岐をおこす．

原点近くの G_α の軌道は，α が負から正に変わる際に不動点 $x = 0$ のまわりで，より沢山振動する．もし，族 G_α においてすべての写像が線型ならば，$\alpha < 0$ の場合には，これらの振動する軌道は 0 に収束し，$\alpha > 0$ の場合には無限大に発散し，また，$\alpha = 0$ の場合には任意の x に対して $G_0(x) = -x$ なので任意の $x \neq 0$ は周期 2 の周期点となる．周期 2 の周期軌道は，より一般的な場合の非線型写像においてもここで考察するように重要であると期待される．

G_α の周期 2 の周期軌道を発見する最も効果的な方法は，二回写像 $G_\alpha^2 = G_\alpha \circ G_\alpha$ を見ることである．これは，$x = 0$ の近くでは定義される．実際，G_α に対する周期 2 の周期軌道は 0 ではない G_α^2 の不動点として特徴づけられる．

$G_\alpha^2(x)$ を $G^2(x,\alpha)$ と書くことにしよう．

$$G^2(x,\alpha) = G(G(x,\alpha),\alpha)$$

---

[2] 任意の α に対して $G(0,\alpha) = 0$ という条件に代えて，$G(0,0) = 0$ を仮定してもよい．原点は，$G_0 = G(.,0)$ の不動点であるが，$\partial G/\partial x(0,0) \neq 1$ であるので，不動点は小さい α に対して存続し続ける．注意 3.1.1 の最後の部分に概観した手続きにしたがって，それを原点にうつしかえることによって本書の定式化に帰着することができる．

であることより，任意の α に対して $G^2(0,\alpha) = 0$ であるので，連鎖律より
$$\frac{\partial G^2}{\partial x}(0,0) = 1 \ ; \quad \frac{\partial^2 G^2}{\partial x \partial \alpha}(0,0) > 0 \ ; \quad \frac{\partial^2 G^2}{\partial x^2}(0,0) = 0$$
となる．

"一般的な"条件 $\partial^3 G^2/\partial x^3(0,0) \neq 0$ を仮定すると，族 G_α^2 は $\alpha = 0$ でピッチフォーク分岐をおこす[3]．$\partial^3 G^2/\partial x^3(0,0) < 0$ であるならば，分岐は超臨界的であり，族 G_α^2 におこることが図 3.4 に定性的に描かれている．$\alpha \leq 0$ の場合には，$x = 0$ の近傍で周期 2 の周期軌道が存在せず，原点は安定不動点になる．$\alpha > 0$ の場合には，原点は不安定になり，$x = 0$ の近くで周期 2 の周期軌道が存在し，その軌道は漸近安定となる（周期 2 の周期軌道は G_α^2 の不動点 $\overline{x}$ で特徴づけられるので，漸近安定性は G_α^2 を用いて定義され，$|\partial G_\alpha^2/\partial x(\overline{x})| < 1$ のときに保証される）．それゆえ，超臨界型フリップ分岐では，安定不動点が不安定化し，それに伴って周期 2 の安定周期軌道が生まれる．このため，フリップ分岐はしばしば，(サブハーモニック型) 周期倍分岐とよばれる．

族 G_α に関する分岐図は図 3.6 に描かれている．その曲線は，パラメタ α を変化させた際に周期 2 の周期軌道をあらわす二点がどのように発展するかを描写している．図 3.7a と b では，それぞれ $\alpha < 0$ と $\alpha > 0$ の場合に対して，G_α のグラフが，それらが原点近傍で生み出す軌道とともに描かれている．

命題 3.2.3 の類似が次である:

命題 3.3.1. （超臨界型フリップ分岐）．$G : U \times I \to \mathbb{R}$ を 1 パラメタ写像族とする．ここで，G は C^r 級写像 $(r \geq 3)$ であり，U, I を 0 を含む開区間とする．また，次を仮定する：

(1) 任意の α に対して，$G(0, \alpha) = 0$; (2) $\dfrac{\partial G}{\partial x}(0,0) = -1$;

(3) $\dfrac{\partial^2 G}{\partial x \partial \alpha}(0,0) < 0$; (4) $\dfrac{\partial^3 G^2}{\partial x^3}(0,0) < 0$.

---

[3] 連続性より，すべての G_α^2 は十分小さい α に対して 0 を含む小さい共通開区間の上で定義される．それゆえ，命題 3.2.3 のすべての条件は満たされる．

3.3 フリップ分岐

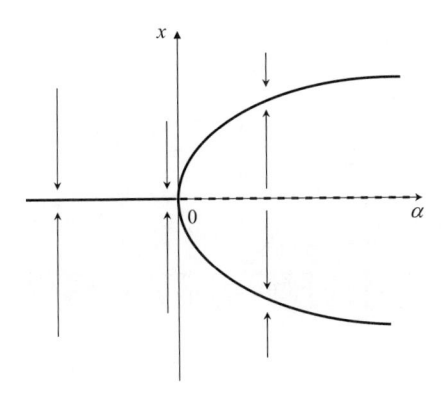

図 3.6 超臨界型フリップ分岐ダイアグラム

$\alpha < 0$

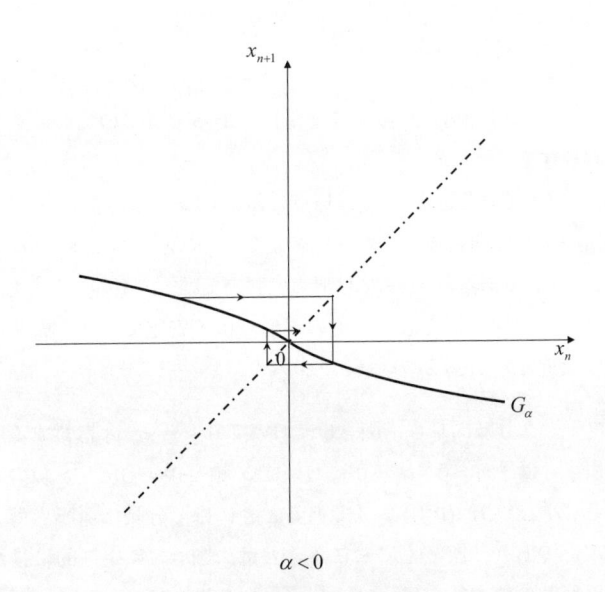

図 3.7a 超臨界型フリップ分岐

$\alpha > 0$

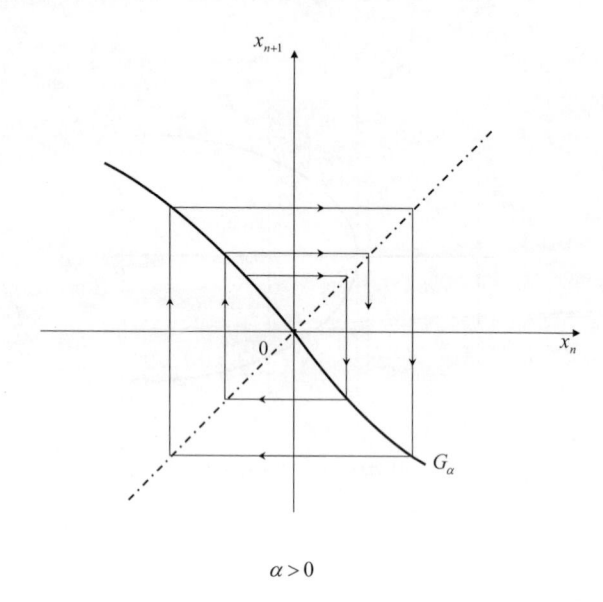

図 3.7b　超臨界型フリップ分岐

このとき，$\alpha_1 < 0 < \alpha_2$ ならびに $\varepsilon > 0$ であって以下の二つの条件を満たすものが存在する：

(i) $\alpha_1 < \alpha \leq 0$ であるとき，G_α は原点において唯一の不動点をもち，$(-\varepsilon, \varepsilon)$ には周期 2 の周期軌道をもたない．また，その不動点は漸近安定である．

(ii) $0 < \alpha < \alpha_2$ であるとき，G_α は原点において唯一の不動点をもち，$(-\varepsilon, \varepsilon)$ に周期 2 の周期軌道をもつ．その不動点は不安定であり，周期 2 の周期軌道は漸近安定である．

ピッチフォーク分岐同様に，図 3.6 において $0 \leq \alpha < \alpha_2$ に対する周期 2 の周期点の和集合は，$x = 0$, $\alpha = 0$ において x 軸と接する C^{r-1} 級の 1 次元多様体である．$\partial^3 G^2/\partial x^3(0,0) > 0$ であるときには，分岐は亜臨界型（サブクリティカル）であり，族 G_α^2 におこることは，図 3.5 に定性的に描かれている．超臨界型との基本的な違いは，超臨界型の場合には $\alpha = 0$ で原点 $x = 0$ が安定であったが，亜臨界型の場合には不安定なことである．それゆえ，亜臨界型フリップ分岐においては，周期 2 の不安定周期軌道は $\alpha = 0$ において，

3.3 フリップ分岐

安定不動点と融合して不安定不動点を生み出す．これに対応する，族 G_α に対する分岐図は，図 3.8 で与えられる．ここで，再び，曲線の二つの枝は，周期 2 の周期軌道をあらわす二つの点の時間発展を示す．族 G_α のグラフならびにそれらが不動点 $x = 0$ の近傍において生み出す軌道に対しておこることは，$\alpha < 0$ と $\alpha > 0$ の場合に 図 3.9a と b に描かれている．

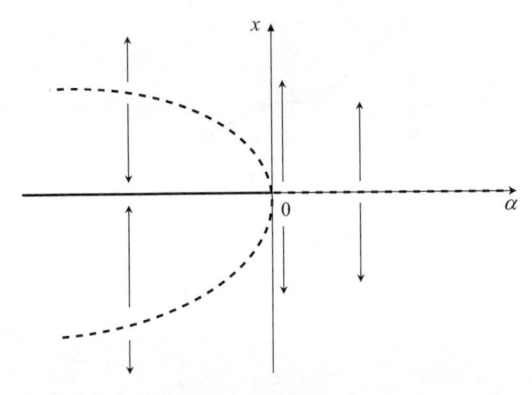

図 3.8 亜臨界型フリップ分岐ダイアグラム

命題 3.3.2. (亜臨界型フリップ分岐). 命題 3.3.1 の不等式 (4) を $\partial^3 G^2/\partial x^3(0,0) > 0$ に置き換える．そのとき，$\alpha_1 < 0 < \alpha_2$ でかつ $\varepsilon > 0$ であって，以下の条件を満たすものが存在する：

(i) $\alpha_1 < \alpha < 0$ であるならば，G_α は，原点で唯一の不動点をもち，$(-\varepsilon, \varepsilon)$ に周期 2 の唯一の周期軌道をもつ．その不動点は漸近安定であり，周期 2 の周期軌道は不安定である；

(ii) $0 \leq \alpha < \alpha_2$ であるならば，G は原点で唯一の不動点をもち，$(-\varepsilon, \varepsilon)$ で周期 2 の周期軌道をもたない．そして不動点は不安定である．

注意 3.3.3.[4] C^3 級写像 $G : U \to \mathbb{R}$ のシュワルツ微分 SG は，$G'(x) \neq 0$ なる任意の x に対し，

$$SG(x) = \frac{G'''(x)}{G'(x)} - \frac{3}{2}\left[\frac{G''(x)}{G'(x)}\right]^2$$

---

[4] 訳注：付録で計算を行った．

50   第3章 局所分岐

$\alpha < 0$

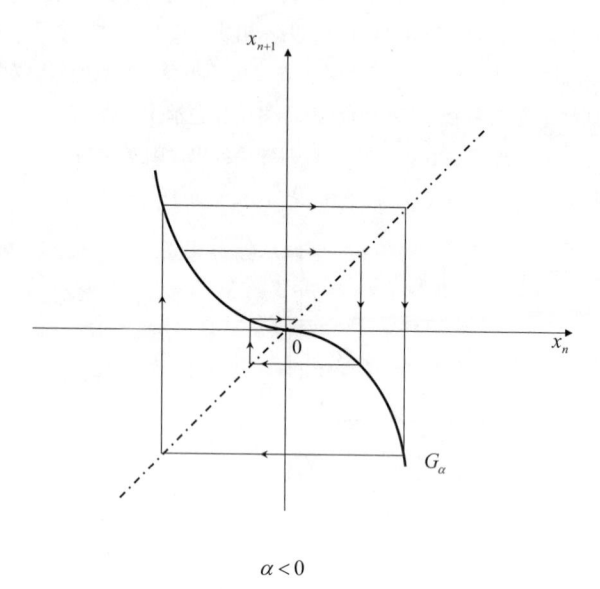

図 3.9a　亜臨界型フリップ分岐

$\alpha > 0$

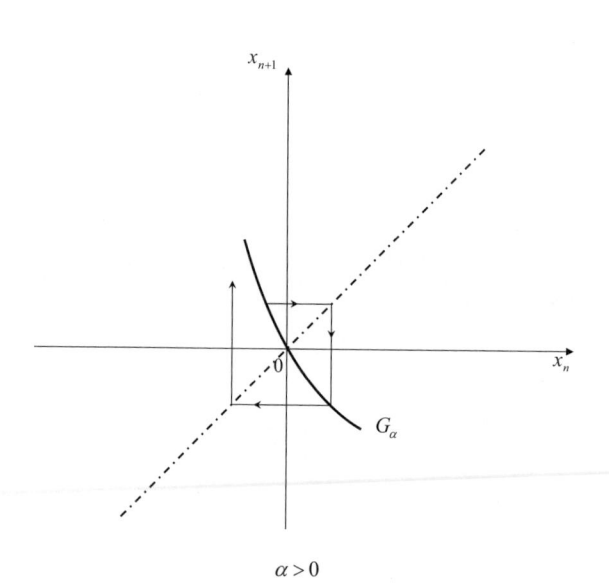

図 3.9b　亜臨界型フリップ分岐

として定義される．ここで，U は実数直線上の開区間である．上の族 G_α に対して，$\partial G/\partial x(0,0) = -1$ であることより

$$\frac{\partial^3 G^2}{\partial x^3}(0,0) = -2\frac{\partial^3 G}{\partial x^3}(0,0) - 3\left[\frac{\partial^2 G}{\partial x^2}(0,0)\right]^2$$

であり，$\partial^3 G^2/\partial x^3(0,0) = 2\, SG_0(0)$ が成り立つことを示すことができる．したがって，命題 3.3.1 の条件 (4) は，シュワルツ微分 $SG_\alpha(x)$ が，分岐点 $\alpha = 0$ において，$x = 0$ で負の値をとることと表現される．第 4 章で見るように大域的に負のシュワルツ微分をもつ実数直線上の写像はよい大域的性質をもち，その大域的分岐はよく理解されている．この理由はこれまでの解析，すなわち，それらの写像に対してフリップ分岐は必ず超臨界型であることから明らかであろう．

注意 3.3.4. サドルノード分岐のように，命題 3.3.1（もしくは 3.3.2）の仮定を満たし，超臨界型（もしくは亜臨界型）フリップ分岐を引きおこす二つの族は，パラメタ変換 $\alpha \to \varphi(\alpha)$ と α に依存する変数変換 $x \to h(x,\alpha)$ によって互いに導かれる．ここで，φ ならびに $h(\cdot,\alpha)$ は同相写像である．同様に，フリップ分岐の定性的特徴は，そのような変数変換によって（局所的に）構造安定であることである．ここでもまた，写像が線型である場合には，そのような構造安定性は得られない．

3.4 ホップ分岐

C^r 級写像 $G: U \times I \to \mathbb{R}^2$ で定義された,

$$x_{n+1} = G(x_n, \alpha) \equiv G_\alpha(x_n)$$

の形をした差分方程式の 1 パラメタ族を考えよう．ただし，U は $\mathbb{R}^2$ における原点の開近傍であり，I は 0 を含む実数直線上の開区間である．原点は取りうるすべてのパラメタ値で不動点となる，すなわち，任意の α に対して $G(0,\alpha) = 0$ であると仮定する．さらに任意の α に対して，ヤコビ行列 $D_x G(0,\alpha)$ は，1 組の実数でない共役固有値 $\lambda(\alpha)$ と $\overline{\lambda}(\alpha)$ をもつ．ここで，$\rho(\alpha) \neq 0$ ならびに $\theta(\alpha) \in (0,\pi)$ に対して $\lambda(\alpha) = \rho(\alpha)[\cos\theta(\alpha) + i\sin\theta(\alpha)]$ とする．絶対値 $\rho(\alpha)$ と 偏角 $\theta(\alpha)$ は，それゆえ，C^{r-1} 級でパラメタに依存する．分岐を得るために，$r \geq 2$ であることならびに $\rho(0) = 1$, $d\rho/d\alpha(0) > 0$

(α が 0 を通過すると固有値は複素平面における単位円を横切って外に出て行く) を仮定する. そのとき, 原点 $x = 0$ は $\alpha < 0$ に対して漸近安定であり, $\alpha > 0$ に対して不安定である. $\alpha = 0$ でいわゆるホップ分岐が存在する[5].

1.1 節から, 任意の α に対してヤコビ行列 $D_x G(0, \alpha)$ が実標準形式

$$B_\alpha = \rho(\alpha) \begin{bmatrix} \cos\theta(\alpha) & -\sin\theta(\alpha) \\ \sin\theta(\alpha) & \cos\theta(\alpha) \end{bmatrix}$$

となるような変数変換 $x \mapsto h(x, \alpha)$ (但し, 写像 h は x について線型で, (x, α) に関して C^{r-1} 級) が存在する. 2.3 節で述べたように, $\mathbb{R}^2$ 上の線型写像 $y \mapsto B_\alpha y$ は, 中心 $y = 0$, 比率 $\rho(\alpha)$ の相似変換の後に角度 $\theta(\alpha)$ の回転を施す作用である (図 2.1 を見よ). それゆえ線型写像 B_α の族は, 極座標 $(\rho, \theta) \mapsto (\rho(\alpha)\rho, \theta + \theta(\alpha))$ によって表される. $\alpha < 0$ であるならば, $y_n = B_\alpha^n y_0$ で生み出されるすべての軌道は原点に収束し, 一方, $\alpha > 0$ であるとき $y_0 \neq 0$ ならば, すべてのそのような軌道は発散する. 対照的に, $\alpha = 0$ のとき, 写像 $y \mapsto B_0 y$ は, 平面上の原点を中心とするすべての円を不変にする (もちろん, すべてのそのような円は元の座標系では楕円である).

族 G_α が非線型の場合, それらは実際には原点近くで線型写像 B_α の小さい摂動となる. それゆえ, $x = 0$ の近くで小さい α に対して円に同相な 1 次元多様体, すなわち**不変閉曲線**の出現が期待できる. 以下の結果は, これが一般的状況におけるものであることを示す.

まずはじめに, 分岐が**超臨界型**である場合を考えよう. これは, $\alpha = 0$ で原点が吸引的であるときにおこる. そのため, 吸引的不変閉曲線は $\alpha > 0$ で現れる.

定理 3.4.1. (超臨界型ホップ分岐). $G : U \times I \to \mathbb{R}^2$ が, 平面上の 1 パラメタ族を定義する. ここで G は平面上の C^r 級写像 $(r \geq 6)$ であり, U は原点を含む $\mathbb{R}^2$ における開集合であり, I は 0 を含む実線上の開区間である. また, 次を仮定する :

---

[5] 任意の α に対して $G(0, \alpha) = 0$ が成り立つという条件に代えて, 単に $G(0,0) = 0$ を仮定したとしよう. その場合, $D_x G(0,0)$ が絶対値 1 の固有値を持たないので, 小さい α に対して不動点は存在し続ける. また, 注意 3.1.1 で概観した手続きにしたがえば, その不動点は原点にうつされる.

(1) 任意の α に対して $G(0,\alpha) = 0$;

(2) 任意の α に対して, $D_x G(0,\alpha)$ は, 1 組の実数でない共役固有値 $\lambda(\alpha)$ と $\overline{\lambda}(\alpha)$ をもつ. ここで, $\lambda(\alpha) = \rho(\alpha)[\cos\theta(\alpha) + i\sin\theta(\alpha)]$ ($\rho(\alpha) \neq 0$, $\theta(\alpha) \in (0,\pi)$) である ;

(3) $\rho(0) = 1$ でかつ $\dfrac{d\rho}{d\alpha}(0) > 0$ である ;

(4) $q = 1,2,3,4$ に対して, $\theta(0) \neq 2\pi/q$ である.

このとき, 族 $G_\alpha = G(\cdot,\alpha)$ を極座標形式にうつす C^{r-3} 級の α に依存する座標変換

$$(\rho,\theta) \mapsto (\rho(\alpha)\rho - a(\alpha)\rho^3 + \rho^4 R(\rho,\theta,\alpha), \theta + \theta(\alpha) + b(\alpha)\rho^2 + \rho^3 S(\rho,\theta,\alpha))$$

が存在する. ここで, $R(\rho,\theta,\alpha)$ は, C^{r-4} 級, $S(\rho,\theta,\alpha)$ は, C^{r-3} 級である. また, $a(\alpha), b(\alpha)$ は, それぞれ C^{r-3} 級, C^{r-2} 級である. さらにもし,

(5) $a(0) > 0$

であるならば, そのとき, 原点は $\alpha = 0$ で漸近安定である. さらに, 次の条件を満たすような $\alpha_1 < 0 < \alpha_2$ ならびに $\mathbb{R}^2$ における原点の開近傍 V が存在する :

(i) $\alpha_1 < \alpha \leq 0$ ならば, G_α は, $x = 0$ で唯一つの不動点をもち, V には不変閉曲線が存在しない. また原点は漸近安定である.

(ii) $0 < \alpha < \alpha_2$ ならば, G_α は $x = 0$ で唯一つの不動点をもち, V において唯一つの不変閉曲線をもつ. 原点は不安定で, 不変閉曲線は漸近安定である.

定理の第一部が述べていることは, "強い共振" がある場合 $\theta = 2\pi/q$ ($q = 1,2,3,4$) (これらの場合はどのみち例外的である) を除去すると, 任意の写像 G_α は変数変換によって, 小さい x に対して極座標

$$(\rho,\theta) \mapsto (\rho(\alpha)\rho - a(\alpha)\rho^3, \theta + \theta(\alpha) + b(\alpha)\rho^2)$$

で与えられる変換 T_α で近似できるということである. 写像 G_α が非線型の場合, 一般に $a(0) \neq 0$ または $b(0) \neq 0$ となる. 変換 T_α は, (ρ に依存する)

回転と相似変換の合成である．変換の縮小性や拡大性は，対応する 1 次元差分方程式

$$\rho_{n+1} = \rho(\alpha)\rho_n - a(\alpha)\rho_n^3 \equiv \gamma(\rho_n, \alpha) \tag{3.4}$$

(但し，$\rho_n, \rho_{n+1} > 0$) を見ることによって，容易に解析される．特に，ρ_α^* が $\gamma_\alpha = \gamma(\cdot, \alpha)$ の不動点であることと，T_α が $x = 0$ を中心として，半径 ρ_α^* の平面上の円を不変にすることとは同値である．さらに，γ_α に伴うダイナミクス[6]において ρ_α^* が漸近安定であることと，T_α によって生み出されるダイナミクスにおいて対応する不変円が漸近安定であることとが同値である．

$a(0) \neq 0$ であり，ρ が負の値を許される場合には，族 γ_α は $\alpha = 0$ でピッチフォーク分岐をおこす．γ は C^3 級であり，任意の α に対して，$\gamma(0, \alpha) = 0$, $\partial\gamma/\partial\rho(0,\alpha) = \rho(\alpha)$, $\partial^2\gamma/\partial\rho^2(0,\alpha) = 0$, $\partial^3\gamma/\partial\rho^3(0,\alpha) = -6a(\alpha)$ となる．それゆえ，$a(0) > 0$ ならば，原点 $\rho = 0$ は，$\alpha = 0$ に対して漸近安定であり，分岐は超臨界型である（命題 3.2.3）．その場合に，小さい α に対して $\rho = 0$ の近くで γ_α のグラフにおこることは，図 3.10a に表されている．小さい $\alpha \leq 0$ (0 に近い $\alpha \leq 0$) に対し，変換 T_α に伴うダイナミクスに関して，$\mathbb{R}^2$ の原点はすべての近傍の点を吸引する．小さい $\alpha > 0$ に対して，原点は不安定であり，$\mathbb{R}^2$ における小さい $x \neq 0$ は $x = 0$ を中心とした半径 $\rho_\alpha^* = \sqrt{(\rho(\alpha) - 1)/a(\alpha)}$ の不変円に吸引される．定理の最後の部分は，元々の族 G_α に戻った場合にもこの描像が定性的には変わらないことを主張している．対応する分岐図は図 3.11 に与えられている．

同じ方向の議論から，$a(0) < 0$ のときに何がおこるかを容易に知ることができる．その場合には，原点は $\alpha = 0$ で不安定であり，族 γ_α が**亜臨界型**のピッチフォーク分岐をおこす（図 3.10b）．変換 T_α に伴うダイナミクスに関して，小さい $\alpha < 0$ の場合には原点は漸近安定となる．しかし，$x = 0$ を中心とした，半径 $\rho_\alpha^* = \sqrt{(\rho(\alpha) - 1)/a(\alpha)}$ の不安定な不変円が存在する．α が負から正に変わる場合，不安定な不変円は原点に融合し，小さい $\alpha > 0$ で，不動点 $x = 0$ は不安定である．以下の結果は，この描像を元々の族 G_α に戻し

---

[6] 訳注：ここで γ_α に伴うダイナミクスとは，写像 γ_α とそれが作用する空間 X との組 (X, γ_α) のことである．

3.4 ホップ分岐

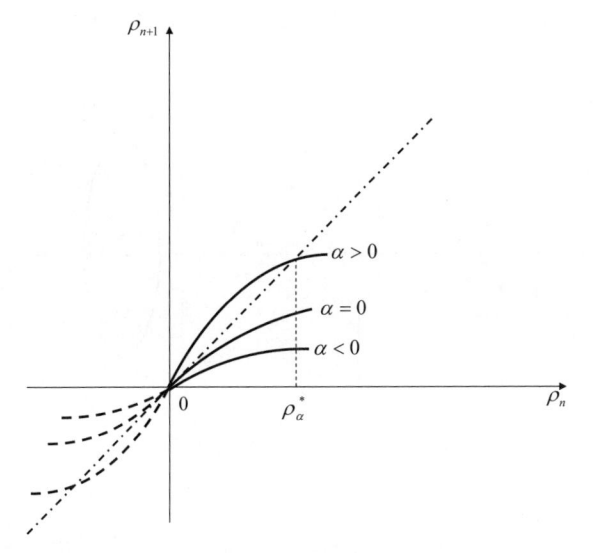

図 3.10a　超臨界型ホップ分岐

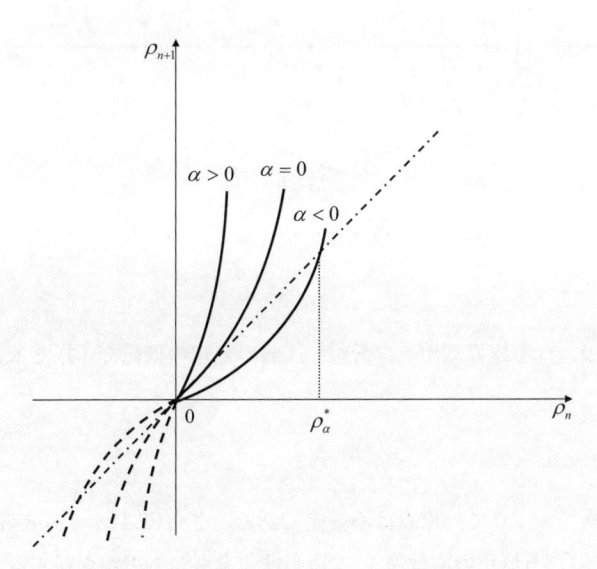

図 3.10b　亜臨界型ホップ分岐

た場合にも定性的には同じであることを主張している。対応する分岐図は図 3.12 で与えられる。

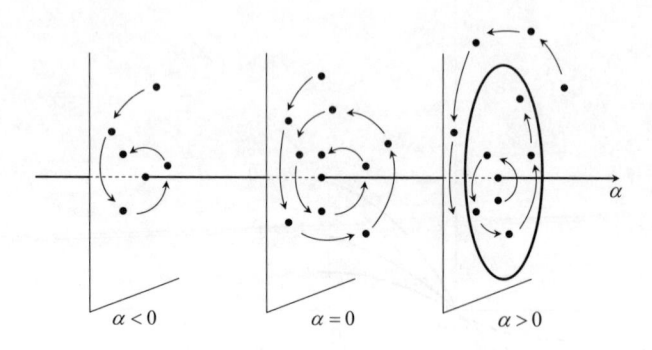

図 3.11 超臨界型ホップ分岐ダイアグラム

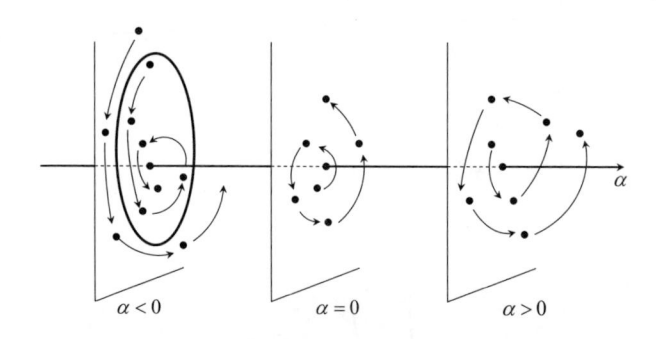

図 3.12 亜臨界型ホップ分岐ダイアグラム

定理 3.4.2. (亜臨界型ホップ分岐). 前の定理の仮定で (5) を次に置き換える。

(5′) $a(0) < 0$.

このとき，$\alpha = 0$ で，原点は不安定である。さらに，$\alpha_1 < 0 < \alpha_2$ ならびに，$\mathbb{R}^2$ における原点の開近傍 V で次の性質をもつものが存在する：

3.4 ホップ分岐

(i) $\alpha_1 < \alpha < 0$ ならば，G_α は，$x = 0$ で唯一つの不動点をもち，V に唯一つの不変閉曲線をもつ．原点は漸近安定で，閉曲線は不安定である．

(ii) $0 \leq \alpha < \alpha_2$ のときに，G_α は，$x = 0$ で唯一つの不動点をもち，V に不変閉曲線をもたない．原点は不安定である．

係数 $a(0)$ の符号は，分岐が超臨界型もしくは亜臨界型であるかを決定する．以下の命題はこの符号を得る手段を示す．なお，実際の計算はしばしば骨が折れる．

命題 3.4.3. 定理 3.4.1 の仮定の下で，$\lambda, \overline{\lambda}$ は，$\alpha = 0$ における互いに共役な非実固有値であるとする．また，平面の座標は，G_0 が

$$\begin{pmatrix} x \\ y \end{pmatrix} \mapsto \begin{bmatrix} \cos\theta(0) & -\sin\theta(0) \\ \sin\theta(0) & \cos\theta(0) \end{bmatrix} \begin{pmatrix} x \\ y \end{pmatrix} + \begin{pmatrix} f(x,y) \\ g(x,y) \end{pmatrix}$$

の形になるように選ばれる．

そのとき

$$a(0) = \mathrm{Re}\left[\frac{(1-2\lambda)\overline{\lambda}^2}{1-\lambda} c_{11}\, c_{20}\right] + \frac{1}{2}|c_{11}|^2 + |c_{02}|^2 - \mathrm{Re}(\overline{\lambda} c_{21})$$

である[7]．但し，

$$8c_{20} = (f_{xx} - f_{yy} + 2g_{xy}) + i(g_{xx} - g_{yy} - 2f_{xy})$$
$$4c_{11} = (f_{xx} + f_{yy}) + i(g_{xx} + g_{yy})$$
$$8c_{02} = (f_{xx} - f_{yy} - 2g_{xy}) + i(g_{xx} - g_{yy} + 2f_{xy})$$
$$16c_{21} = (f_{xxx} - f_{xyy} + g_{xxy} + g_{yyy}) + i(g_{xxx} + g_{xyy} - f_{xxy} - f_{yyy})$$

であり，f や g の偏導関数は，$(x, y) = (0, 0)$ での値である．

注意 3.4.4. 定理 3.4.1 において，$\alpha > 0$ の場合に存在が主張されている不変閉曲線 C_α は，極座標 $(\rho(\theta, \alpha), \theta)$ をもつ平面の任意の点の軌跡として表される．ここで，θ は任意の実数であり，任意の θ ならびに $\alpha > 0$ に対して $\rho(\theta, \alpha) \neq 0$ であり，ρ は，θ に関して周期 2π で周期的，すなわち，$\rho(\theta + 2\pi, \alpha) = \rho(\theta, \alpha)$ である．定理の仮定

---

[7] 任意の複素数 $z = x + iy$ に対して，記号 $\mathrm{Re}(z)$ は z の実部，すなわち $\mathrm{Re}(z) = x$ を意味する．

の下で，写像 ρ が，$0 < \alpha < \alpha_2$ に対して C^{r-5} 級となるように α_2 は，十分小さく選ぶことができる．すべての不変閉曲線 $C_\alpha (\alpha \in (0, \alpha_2))$ ならびに $\alpha = 0$ の場合の平面上の原点は，図 3.11 に示すような分岐図，すなわち，$\alpha = 0$ において xy-平面に接するような 2 次元 C^{r-5} 級多様体 Σ を生み出す．しかしながら，このことは，G 自身が C^∞ 級 (各 $k \geq 1$ に対して C^k である) であるときに，Σ が C^∞ 級であることを意味しない．そのような場合には，ρ，(それゆえ Σ) が $(0, \alpha_k)$ で C^k 級であるような $\alpha_k > 0$ を各 k (≥ 1) で見つけることができる．しかし，k が $+\infty$ に近づくときに，列 α_k は典型的には 0 に収束する傾向がある．亜臨界型分岐に関しては，正則性に関する同様の結果が，$\alpha < 0$ の場合に成立する．

注意 3.4.5. この注意は，ピッチフォーク分岐の場合の注意 3.2.4 に類似したものである．α が負から正に変わる際に，族 G_α が亜臨界型ホップ分岐をおこすならば，局所的な逆写像の族 G_α^{-1} は，α が正から負に変わる際に超臨界型分岐をおこす．局所的な逆写像の族は，次のように定義される．$D_x G(0,0)$ の固有値が絶対値 1 をもつので，この行列は可逆である．陰関数定理より，方程式 $G(x, \alpha) - y = 0$ は，x, α, y が十分小さい場合に，x に関して $x = F(y, \alpha)$ の形に一意的に解くことができる．ここで，F は，$V \times J$ 上で定義され，V は原点を含む平面の（単連結な）開集合，J は 0 を含む開区間である．J における任意の α に対して，$F_\alpha = F(\cdot, \alpha)$ は，$G_\alpha = G(\cdot, \alpha)$ の局所的な逆写像であり，α が正から負に変わる際には，F_α は，超臨界型分岐を引きおこす．

注意 3.4.6. 強い共振をもつ，すなわち $\theta(0) = 2\pi/q$ ($q = 1, 2, 3, 4$) の場合は，すべての非線型写像のクラスの中で "一般的ではない"．この場合に何がおこるか知ることは難しい問題である．さらなる情報に関しては，Whitley (1983, Section 2.5) ならびに Iooss (1979, Chapter IV) を参照せよ．

注意 3.4.7. （不変閉曲線上のふるまい）[8] 超臨界型ホップ分岐 (定理 3.4.1 における $\alpha > 0$ の場合) においてひとたび漸近安定な不変閉曲線 C_α を得たら，ふるまいは C_α に制限され，差分方程式 $x_{n+1} = G_\alpha(x_n)$ によって生み出される軌道のふるまいを理解する問題に帰着される（超臨界型分岐に関する結果は，注意 3.4.5 を用いることによってただちに亜臨界型の場合にうつしかえることができる）．

---

[8] 以降の議論は Whitley (1983, Section 2.3 ならびに 2.4) による．また，Iooss (1979, Chapter III.2) も見よ．

3.4 ホップ分岐

定理 3.4.1 の仮定の下で，小さい α に対して，写像 G_α は，適切な変数変換を施すと極座標で与えられた変換 T_α

$$(\rho,\theta) \mapsto (\rho(\alpha)\rho - a(\alpha)\rho^3, \theta + \theta(\alpha) + b(\alpha)\rho^2)$$

の小さな摂動にすぎない。それゆえ，この極座標系において，小さい $\alpha > 0$ に対し，G_α を不変閉曲線 C_α に制限したものは，原点を中心として半径 $\rho_\alpha^* = \sqrt{(\rho(\alpha)-1)/a(\alpha)}$ の円に制限した，角度 $\theta_\alpha^* = \theta(\alpha) + b(\alpha)(\rho_\alpha^*)^2$ の回転 R_α の小さな摂動である。

まずはじめに，R_α によって生み出されるふるまいを見てみよう。$\theta_\alpha^*/2\pi$ が有理数，すなわち互いに素な自然数 p と q によって p/q と表されるものとすると，円周上の任意の点は周期 q で周期的である，すなわち回転 R_α を q 回施すことによって元に戻って来る。$\theta_\alpha^*/2\pi$ が無理数であれば，円周上の任意の点は周期的ではなく，円周上の任意の点から生み出される軌道は，その円周上で稠密になる。

近似的な回転 R_α を半径 ρ_α^* の不変円に制限したものの性質を知るだけでは，残念ながら，元々の族 G_α を不変閉曲線 C_α に制限した性質を述べることは出来ない。その理由は，そのような回転 R_α は，構造安定ではないからである。例えば，$\theta_\alpha^*/2\pi$ が有理数であるか無理数であるかは，写像の小さな摂動によって変わり得る。それにも関わらず，G_α を C_α に制限したふるまいを考えるかぎり，典型的な ("一般的な") 描像は以下のようなものであることが示される。G が C^∞ 級であるとし，定理 3.4.1 において現れるパラメタ α_2 が十分小さいと，次が成り立つ。

1. $(0, \alpha_2)$ において稠密な開集合 A で次の性質をもつものが存在する：任意の $\alpha \in A$ に対して写像 G_α は閉不変曲線 C_α 上に二つの周期軌道族をもち，α に依存した同じ周期をもつ。一つの族は安定であり，他方は不安定である。

何がおこるかを視覚化する最良の方法は，図 3.13a に示されるように，複素平面に描かれるヤコビ行列 $D_xG(0,\alpha)$ の固有値 $\lambda(\alpha)$ の軌道に注目することである。単位円上の点 M として表せる複素数 $\cos\theta + i\sin\theta$ (但し，$\theta = 2\pi p/q$ であって，p ならびに q は，互いに素な自然数でかつ $q \neq 1,2,3,4$ であるとする (ここで再び強い共鳴をもつ場合を除外している))。このとき，図 3.13a

のグレーの領域のように，共通の接触点をもつ M を通る二つの曲線の間に横たわる，単位円近傍の狭い尖った開領域（舌）で，以下の性質をもつものが存在する．区間 (α', α'') にある $\alpha > 0$ に対して，固有値 $\lambda(\alpha)$ を示す点が狭い舌に横たわっていると仮定する．そのとき，区間の任意の α に対して G_α は不変閉曲線 C_α 上に二つの周期軌道族をもつ．一つの周期軌道族は不安定であり，他方の族は（G_α を C_α に制限することによって生み出されるふるまいにおいて）漸近安定である．不変閉曲線において不安定周期軌道と安定周期軌道は"交代する"．そのようなパターンの例 ($q = 6$) が図 3.13b に示されている（矢印は安定性もしくは不安定性を示している．軌道が連続であるかのように矢印が描かれているが，離散時間における解釈である）．

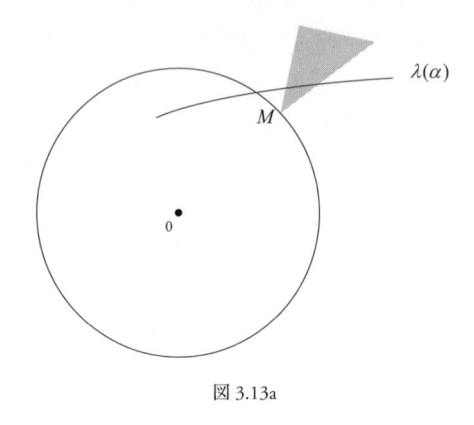

図 3.13a

有理数は実数直線上で稠密であるので，複素平面における固有値 $\lambda(\alpha)$ のパスは，無限個の同種小さな舌[9]を交差する．対応するパラメタ区間 (α', α'') の和集合 A は，α_2 が十分小さい場合には，$(0, \alpha_2)$ で稠密な開集合である．それゆえ，大抵の $\alpha \in (0, \alpha_2)$ に対して，G_α で生み出される不変閉曲線上の軌道の漸近的ふるまいは周期的である．多くの周期は（大きい q に対応して）大きくなることに注意されたい．

2. 上で言及した A は，$(0, \alpha_2)$ の稠密な開集合ではあるが，その補集合は

---

9) 訳注：舌は M ごとに定まり，M は有理数ごとに定まる．

3.4 ホップ分岐

図 3.13b

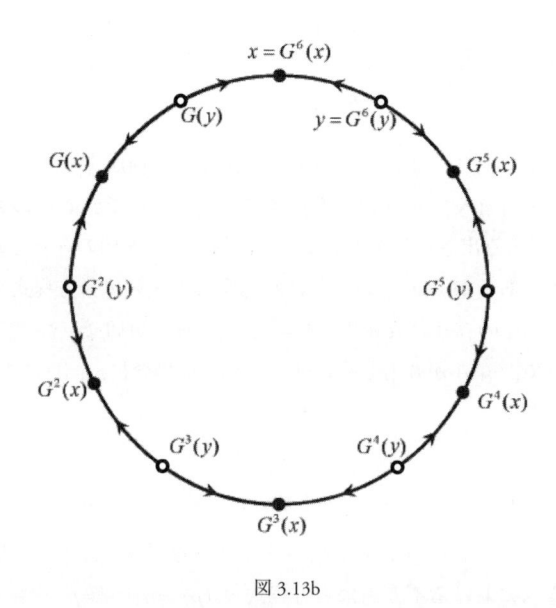

測度論的な観点では無視できない.実際,G_α を不変閉曲線 C_α に制限したものが角度 θ ($\theta/2\pi$：無理数) の回転に位相共役となるような $(0, \alpha_2)$ におけるパラメタの集合 B は正のルベーグ測度 $m(B) > 0$ をもつ.その場合には,G_α を C_α に制限することによって生み出される任意の軌道は非周期的であり,それは,C_α で稠密である.実際,そのような非周期的なふるまいの相対頻度は,$\alpha > 0$ が小さいときには高く,α_2 が 0 に近づくときには,比率 $m(B)/\alpha_2$ は 1 に近づく.

注意 3.4.8. 前の注意からホップ分岐の定性的性質は構造安定とはなりえないことが明らかである.摂動を施すことによって,固有値 $\lambda(\alpha)$ が定める複素平面上の曲線は異なる点において単位円を通過し,図 3.13a のように,異なる小さい舌にぶつかる.二つの族は共役にはなりえない.

注意 3.4.9. (退化型ホップ分岐(チェンシナー分岐)).条件 $a(0) \neq 0$ は非線型写像の任意の族のクラスで,一般に満たされる("通有的"である).定理 3.4.1 ならびに 3.4.2 に類似の命題は,$a(0) = 0$ の場合に実際に成り立ち,Chenciner (1985a, b,

1988) によって深く研究されている．Iooss (1979, Chapter III, Section 2) もしくは Kuznetsov (1998) も見よ．我々は，ここで，$a(0) = 0$ もしくは小さい $a(0)$ に対する退化型分岐の発見的説明の要約を与える．

不動点 $x = 0$ の近くで G_α によって生み出される局所ダイナミクスにおける不変閉曲線の存在や安定性は，本質的に，極座標系で族 G_α のテイラー近似 T_α によって生み出されるダイナミクスにおける不変円の存在と安定性，すなわち，同等であるが，(3.4) のように対応する 1 次元差分方程式 $\rho \mapsto \gamma_\alpha(\rho)$ の不動点 $\rho_\alpha^* > 0$ の存在と安定性，に等しくなる．適切な（高次の）微分可能性条件の下で，$a(0)$ が 0 もしくは非常に小さい場合に，高次項を考えると，高次の差分方程式：

$$\rho_{n+1} = \rho(\alpha)\rho_n - a(\alpha)\rho_n^3 - c(\alpha)\rho_n^5 = \tilde{\gamma}_\alpha(\rho_n) \tag{3.5}$$

が導かれる．与えられた α に対して，テイラー近似 T_α によって生み出されたダイナミクスにおける不変円は，方程式 $\tilde{\gamma}_\alpha(\rho) = \rho$ の解 ρ_α^*，もしくは，同等であるが，

$$\left(z_\alpha^* + \frac{a(\alpha)}{2c^2(\alpha)}\right)^2 = \frac{a^2(\alpha)}{4c(\alpha)} + \frac{\rho(\alpha) - 1}{c(\alpha)} \tag{3.6}$$

の正の解 $z_\alpha^* = (\rho_\alpha^*)^2 > 0$ と同一である．我々は**超臨界型**，すなわち，$c(0) > 0$，それゆえ小さい α で $c(\alpha) > 0$ が成り立つ場合に注目する．基準構造 $a(0) = 0$ では，$\alpha = 0$ に対する $\tilde{\gamma}_0(\rho) = \rho - c(0)\rho^5$ のグラフは，図 3.10a における $\gamma_0(\rho)$ のグラフに似ている．このことは，α が小さい場合に，$\rho = 0$ の近くでは，$\tilde{\gamma}_\alpha(\rho)$ のグラフが同じ図 3.10a における $\gamma_\alpha(\rho)$ のグラフに似ていることを示唆している．$\alpha \leq 0$ に対して，原点 $\rho = 0$ は，$\tilde{\gamma}_\alpha$ すなわち T_α に誘導されるダイナミクスにおいて安定であり，一方，近くには不変円が存在しない．$\alpha > 0$ に対して，原点 $\rho = 0$ は不安定になり，安定不変円を生み出す．

$a(0) \neq 0$ が小さい場合は，上の考察をわずかに修正すればよい．実際，定性的な描像は，$a(0) > 0$ でかつ α が小さいときに $a(\alpha) > 0$ になる場合と同

じである。$\alpha < 0$ のときには，(3.6) の二つの解 $z^*_{\alpha+}$ と $z^*_{\alpha-}$

$$z^*_{\alpha\pm} = -\frac{a(\alpha)}{2c(\alpha)} \pm \left(\frac{a^2(\alpha)}{4c^2(\alpha)} + \frac{\rho(\alpha) - 1}{c(\alpha)} \right)^{1/2}$$

は共に負である。原点 $\rho = 0$ は安定であり，近くには不変円は存在しない。$\alpha > 0$ の場合，原点 $\rho = 0$ は安定性を失い，(3.6) の唯一の正の解，すなわち $z^*_{\alpha+} > 0$ に対応する安定不変円に囲まれる。この構造は，$a(0) > 0$ の場合の標準的な非退化ホップ分岐の場合に予測されることに一致する。

この描像は，$a(0) < 0$，それゆえ 小さい α で $a(\alpha) < 0$ となるときわずかに異なる。$a(0)$ が十分小さいので，$\alpha = \alpha_0$ のとき (3.6) の右辺が 0 かつ $\alpha > \alpha_0$ のとき，またそのときに限り正になるような α_0 が存在する。それゆえ，$\alpha < \alpha_0$ のときに，(3.6) は実数解をもたない。そして，原点 $\rho = 0$ は安定であり，その近傍には不変円は存在しない。$\alpha = \alpha_0$ が成り立つならば，(3.6) は，正の同一な実数解 $z^*_{\alpha+} = z^*_{\alpha-} = -a(\alpha)/2c(\alpha) > 0$ をもつ。それらは α が大きくなるときに，$0 < z^*_{\alpha-} < z^*_{\alpha+}$ と分離する。

それゆえ，$\alpha_0 < \alpha < 0$ のときには，原点 $\rho = 0$ は依然として安定であるが，a が α_0 を通過して大きくなると，**サドルノード分岐**を通して二つの不変円が出現する。ここで，より小さい（より大きい）半径をもつ不変円は不安定 (安定) である。α が 0 を通過して大きくなっていくと，$a(0) < 0$ なので，一般論で予測されるように，原点 $\rho = 0$ は，亜臨界型ホップ分岐をおこす。ここで，より小さい半径をもつ不安定な不変円は原点と融合して消え，原点 $\rho = 0$ は不安定なままである (より小さな解 $z^*_{\alpha-}$ は負となる)。ここで特筆すべき特徴は，$\alpha > \alpha_0$ の場合で，特に $\alpha > 0$ のときのより大きい解 $z^*_{\alpha+} > 0$ に対応する大きい半径をもつ安定不変円の存在である。

写像族 G_α から生み出される元々の二次元ダイナミクスに関して得られる結果は，本質的に上の描像をわずかに修正することで済む。手短に言えば，**超臨界型退化ホップ分岐（チェンシナー分岐）**($a(0)$ が小さく $c(0) > 0$) に関し:

・小さな $a(0) \geq 0$ に関する描像は定性的に超臨界ホップ分岐に関して得られるものと定性的に等しい。$\alpha \leq 0$ の場合には，不動点 $x = 0$ は安定であり，一方，近傍には不変閉曲線は存在しない。$\alpha > 0$ の場合には，不動点は不安

定になり，近傍に吸引的な不変閉曲線が生まれる．
- $a(0) < 0$ で小さいとき，小さい $\alpha_0 < 0$ で，以下を満たすものが存在する．
  - $\alpha < \alpha_0$ であるとき，不動点 $x = 0$ は，安定であり，一方，近くには不変閉曲線は存在しない．
  - α が α_0 を下から通過するとき，不変閉曲線のサドルノード分岐が存在する．すなわち，$\alpha = \alpha_0$ のときに二つの同一な不変閉曲線が安定不動点 $x = 0$ の近くに出現し，$\alpha_0 < \alpha < 0$ の場合にそれらが離れる．小さい不変閉曲線は不安定になり，大きい不変閉曲線は安定になる．
  - α が下から 0 を通過する場合，小さい不安定不変閉曲線は亜臨界型ホップ分岐を通して安定不動点 $x = 0$ と融合する．
  - 小さい $\alpha > 0$ のときに，不動点 $x = 0$ は不安定になり，残りの大きい安定不変閉曲線と共存する．

$a(0)$ が 0，もしくは，とても小さく，$c(0) < 0$ の場合は同種の議論によって，**亜臨界型退化ホップ分岐（チェンシナー分岐）**に関する対称的な命題が得られる．$a(0) \leq 0$ のときには，亜臨界型ホップ分岐で得たものと等しい結果が得られる．$\alpha < 0$ のとき，不動点 $x = 0$ は安定であるが，不安定な不変閉曲線に囲まれる（(3.6) の唯一の正根 $z^*_{\alpha+}$ に対応する）．α が 0 を下から通過するとき，不安定な不変閉曲線は定常解 $x = 0$ と融合して消え，不安定不動点が残る．$a(0)$ が正のとき，描像はわずかに異なり，小さい α に対して $a(\alpha) > 0$ となり，小さい $\alpha_0 > 0$ において不変閉曲線のサドルノード分岐が発生する．$\alpha < \alpha_0$ の場合には，不動点 $x = 0$ の近くで不安定な不変閉曲線が存在し（(3.6) の最大の根 $z^*_{\alpha+} > 0$ に対応する），$x = 0$ から離れたままに留まる．$\alpha < 0$ のとき，不動点 $x = 0$ は不安定であり，近くにはそれ以外の不安定閉曲線は存在しない．α が負から正に変わるとき，$a(0) > 0$ なので，一般論によって推測されるように安定定常解は超臨界型ホップ分岐を引きおこす．それは不安定となって，$x = 0$ の近くかつより大きな不安定閉曲線の内側に不変閉曲線（(3.6) の小さな正の根 $z^*_{\alpha-} > 0$ に対応する）が出現する．α が α_0 を下から通過するとき，小さな安定不変閉曲線と大きな不安定不変閉曲線は融合して不変閉曲線のサドルノード分岐によって消滅し，一つの不安定不動点が残る．

3.5 中心多様体縮約

$\mathbb{R}^m$ における局所分岐の解析は，m が大きいときには困難である．3.1 節で述べたように，幸いにも，中心多様体理論を応用すると，問題の次元を分岐族において絶対値 1 の固有値を通過する数にまで減らすことができる．我々は，実軸上の写像に対してサドルノード分岐もしくはフリップ分岐に着目することによって，平面上の分岐に対してはホップ分岐を解析することによって，その事実を利用してきた．ここで問題の次元逓減をいかにおこなうかを紹介する．

写像 $G: U \times I \to \mathbb{R}^m$ で定義される差分方程式の族を考えよう．ここで，U は原点を含む $\mathbb{R}^m$ の開集合であり，I は 0 を含む $\mathbb{R}^m$ の開区間であり，G は C^r 級 ($r \geq 2$) である．$\mathbb{R}^m$ の原点が写像族の各写像 $G_\alpha = G(., \alpha)$ の不動点である，すなわち，任意の α に対して $G(0, \alpha) = 0$ であるとする[10]．A_α は，ヤコビ行列 $D_x G(0, \alpha)$ であるとし，また，A_0 は可逆で，絶対値 1 の固有値をいくつかもつとする．族は，$\alpha = 0$ において，一般に (原点近傍で) 局所分岐をおこす．さらに線型の変数変換によって A_0 を実標準形式，すなわち，$A_0 = \text{diag}\{C, B\}$ にもっていくことができると仮定する．但し，C は，A_0 の中心空間 F^c に対応し，B は，A_0 の安定空間 F^s，不安定空間 F^u の直和に対応する．また，$x = (\xi, \eta)$ とする (但し，ξ は F^c に属し，η は $F^s + F^u$ に属する)．

写像 G が $\mathbb{R}^{m+1}$ における差分方程式

$$\alpha_{n+1} = \alpha_n, \quad x_{n+1} = G(x_n, \alpha_n)$$

を定義すると考える．初期条件 (α, x_0) もしくは，より正確には x-空間への射影に対応するこの差分方程式によって生み出される軌道は，写像 G_α によって生み出される x_0 の軌道に一致する．小さい α に対して，$x = 0$ の近くの写

---

[10] α に依存した適切な座標変換によって，原点にうつされ存在し続ける G_α の不動点があることを意味する．

像族 G_α の局所分岐解析は,

$$(\alpha, x) \mapsto (\alpha, G(x, \alpha))$$

によって定義される写像 $H : I \times U \to \mathbb{R}^{m+1}$ の不動点 $\alpha = 0$, $x = 0$ の近傍の局所的性質を調べることに等しい。

任意の α に対して $G(0, \alpha) = 0$ であるので, $x = 0$, $\alpha = 0$ で見積もられた α に関する G の偏導関数は 0 である。そして, ヤコビ行列 $DH(0,0)$ はブロック対角的であり

$$DH(0,0) = \begin{bmatrix} 1 & & \\ & C & \\ & & B \end{bmatrix}$$

で与えられる。$DH(0,0)$ の安定空間と不安定空間はそれぞれ $\{0\} \times F^s$ と $\{0\} \times F^u$ に等しい。一方, 中心空間は $\mathbb{R} \times F^c$ である。

定理 2.5.1 によれば, $\mathbb{R}^{m+1}$ において $(0,0)$ の近傍 V が存在して, H がそこで局所中心多様体 $W^c_{(0,0)}$ をもつようにできる。その中心多様体は C^{r-1} 級であり, $DH(0,0)$ の中心空間 $\mathbb{R} \times F^c$ と同じ次元をもつ。ここで, $DH(0,0)$ は $\alpha = 0$, $\xi = 0$, $\eta = 0$ で $W^c_{(0,0)}$ に接している。より重要なことは, それが局所的に吸引的であることである。すなわち, もし (α, x) と $H^n(\alpha, x)$ が任意の $n \geq 1$ に対して V に含まれるならば, $H^n(\alpha, x)$ と $W^c_{(0,0)}$ の間の距離は $n \to +\infty$ によって 0 に収束する。この事実から分岐族において発生・消滅する不動点, 周期点, 不変閉曲線のような任意の回帰的ふるまいが中心多様体に見出されることが示唆される。この結果は問題の次元を逓減するための鍵になる。

具体的に述べるために, H に伴う差分方程式が以下の表現

$$\alpha_{n+1} = \alpha_n;$$
$$\xi_{n+1} = C\xi_n + f(\xi_n, \eta_n, \alpha_n);$$
$$\eta_{n+1} = B\eta_n + g(\xi_n, \eta_n, \alpha_n);$$

をもつとする (但し, f と g は, $(\xi, \eta) \in U$, $\alpha \in I$ に対して定義される)。もちろん, 最後の二式は $x_{n+1} = G(x_n, \alpha_n)$ に対応する。構成から, 関数 f な

らびに g は C^r 級 $(r \geq 2)$ であり,任意の α に対して $f(0,0,\alpha) = 0$ ならびに $g(0,0,\alpha) = 0$ が成り立つ。そして,f ならびに g の ξ と η に関する 1 階偏導関数は $\xi = 0, \eta = 0, \alpha = 0$ において 0 となる。

この座標系においては,局所中心多様体 $W_{(0,0)}^c$ は $\alpha = 0, \xi = 0$ の小さい開近傍で定義される C^{r-1} 級関数 $\eta = \gamma(\alpha, \xi)$ のグラフで表される。この,近傍は $J \times V$ の形であり,J は,$\alpha = 0$ を含む $\mathbb{R}$ 上の開区間であり,V は $\xi = 0$ を含む F^c における開集合である。定義から,γ ならびにその 1 階偏導関数は $(0, 0)$ で 0 である。2.5 節の解析に基づくと,$(\alpha_n, \xi_n) \in J \times V$ において $\alpha = 0, x = 0$ の近くの局所中心多様体上の動きは差分方程式

$$\alpha_{n+1} = \alpha_n;$$
$$\xi_{n+1} = C\,\xi_n + f(\xi_n, \gamma(\alpha_n, \xi_n), \alpha_n) \equiv \Gamma(\xi_n, \alpha_n);$$

で支配される。但し,任意の $n \geq 0$ に対して $\eta_n = \gamma(\alpha_n, \xi_n)$ である。 実際,写像 H は,

$$\alpha \mapsto \alpha,\ \xi \mapsto \Gamma(\xi, \alpha), \eta \mapsto B\eta,\ (\alpha, \xi) \in J \times V,\ \eta \in F^s + F^u$$

と局所位相共役である(定理 2.5.3)。

$\mathbb{R}^m$ における族 G_α の局所的な分岐の研究は $\Gamma_\alpha = \Gamma(., \alpha) : V \to F^c$ の族の局所的な分岐の解析になる。任意の $\alpha \in J$ に対して $\gamma(\alpha, 0) = 0$ を示すことができ,そのとき $\Gamma(0, \alpha) = 0$ となる。Iooss (1979, Chapter V, Section 3) を見よ。さらに,$D_\xi \Gamma(0, 0) = C$ (C は固有値の絶対値がすべて 1 となるような行列) を得る。分岐問題の次元は,実際,$\alpha = 0$ においてヤコビ行列 $D_x G(0, \alpha)$ が絶対値 1 となる固有値の数に落とされる。特に,もし単純な実固有値,もしくは単純な実でない一組の共役固有値が $\alpha = 0$ において絶対値 1 であるならば,族 Γ_α に対して前の三つの節 (3.2, 3.3, 3.4) で提示した実数直線上もしくは平面上の分岐定理を適用することができる。

不動点,周期軌道,不変閉曲線の分岐の空間 $\mathbb{R}^m$ における正確な表現は,任意の α に対して変換 $\xi \mapsto (\xi, \gamma(\alpha, \xi))$ によって得られる。G_α によって生成されるダイナミクスの $\mathbb{R}^m$ での安定性や不安定性は,すでに言及したように,H が $\alpha \mapsto \alpha, \xi \mapsto \Gamma(\xi, \alpha), \eta \mapsto B\eta$ に局所位相共役である事実から導かれる。特に,もし行列 B のすべての固有値 λ が $|\lambda| < 1$ を満たし,また,F^c の要素

K （不動点，周期軌道など）が Γ_α によって F^c 上に生み出されるダイナミクスにおいて漸近安定であることがわかれば，$\mathbb{R}^m$ における K の像はまた，G_α によって $\mathbb{R}^m$ 上に生み出されるダイナミクスにおいて漸近安定である。

注意 3.5.1. 実際には，これまでの節の分岐定理を応用するためには，$\alpha = 0, \xi = 0$ における $\Gamma(\xi, \alpha)$ の偏導関数，それゆえ $\gamma(\alpha, \xi)$ の偏導関数が分かりさえすればよい。注意 2.5.4 で紹介した方法を用いれば計算することができる。

注意 3.5.2. 我々は，任意の $\alpha \in J$ に対して $\gamma(\alpha, 0) = 0$ であることをすでに注意した。任意の $\overline{\alpha}$ に対して，$\mathbb{R}^m$ における $\gamma(\overline{\alpha}, \cdot)$ のグラフは，$\alpha = \overline{\alpha}$ の超平面による $\mathbb{R}^{m+1}$ における $W^c_{(0,0)}$ の断面を表す。それは $(\xi, \eta) = 0$ の近くにおいて $G_{\overline{\alpha}}$ の局所不変多様体 $W_{\overline{\alpha}}$ であり，F^c と同じ次元をもつ。$W^c_{(0,0)}$ は，上の写像 H によって生み出される $\mathbb{R}^{m+1}$ 上に生み出されるダイナミクスにおいて局所的に吸引的であるので，任意の α に対して W_α は，G_α によって $\mathbb{R}^m$ 上に生み出されるダイナミクスにおいて局所的に吸引的となる。構成より，$D_\xi \gamma(0,0) = 0$ で，W_0 は G_0 の局所中心多様体である。適当な滑らかさの条件を仮定すると，多様体 $W_\alpha (\alpha \neq 0)$ は，$\alpha = 0$ における単位円を交差する固有値に対応する $DG_\alpha(0)$ の一般化固有空間に接することが示される。Iooss (1979, Chapter V.3, Lemma 3) を見よ。

局所中心多様体が唯一ではないという事実は面倒なことを引きおこすわけではない。$W^c_{(0,0)}$ が特別に選ばれようとも，G_α の族に対して，$\mathbb{R}^m$ における原点から分岐する不動点，周期軌道，不変閉曲線のような不変集合は，任意の α に対して W_α に属さねばならない。正確な記述に関しては，Iooss (1979, Chapter V.3, Lemma 4) を見よ。

文 献 案 内

3.2 節と 3.3 節 で述べられたサドルノード分岐とフリップ分岐の記述は，Whitley (1983, Section 1.1) に基づいている。3.4 節のホップ分岐に関する記述は，Iooss (1979, Chapter III), Whitley (1983, Section 2.2, 2.3, 2.4), Guckenheimer and Holmes (1983, Chapter 3.5) に基づいている。その他の有用な参考文献は Carr (1981, Chapter 3.4), Chenciner (1983), Marsden and McCraken (1976, Section 6) である。退化したホップ分岐（チェンシナー分岐）に関して述べた 注意 3.4.9 は，Gaunersdorfer, Hommes and Wagener (2008) を参考にしている。中心多様体縮約に関しては，Iooss

(1979, Chapter V), Marsden and McCraken (1976, Section 2), Carr (1981, Chapter 2.8), Guckenheimer and Holmes (1983, Chapter 3.2) が基になっている。

第4章

大域的分岐とカオス

　前章では，差分方程式 $x_{n+1} = G_\alpha(x_n)$ の族の**局所的**な分岐，すなわち，パラメタを変化させたときに，不動点近傍において観察される軌道の定性的変化に着目した．そのような定性的変化は，不動点の近傍においてのみおこる場合もあるが，はるか遠くにおいておこることもある．分岐が遠くでおこる場合，分岐は**大域的**であるという．純粋に決定論的な系においても，かなり複雑な周期軌道，もしくは一見ランダムに見えるカオス的な軌道が生み出されうる．これらのエキゾチックな現象は未だにあまり理解されていない．ここでは，1 次元非線型差分方程式の場合に何がおこるかについて，また，平面上の微分同相写像のいわゆるホモクリニック分岐について，何がおこるかを手短に紹介するにとどめる．さらに興味をもった読者は，本章の最後に掲げた文献を参照されたい．

4.1　区間上の写像

　実数の差分方程式

$$x_{n+1} = G(x_n) \tag{4.1}$$

を考えよう．我々は (4.1) が生成する軌道で無限遠に発散しないものに興味がある．そこで G によって区間 $[a,b]$ が不変であると仮定し，その区間へ G を制限したもの，すなわち $G:[a,b] \to [a,b]$ を考察しよう．

G が連続ならば，その区間上で不動点が存在する．さらに (4.1) には周期的ふるまいや不規則に乱れたふるまいをもつ解が存在する場合もある．x は，G を $k(\geq 1)$ 回繰り返すことによって不動点になる場合，すなわち，$x = G^k(x)$ でかつ k がこの性質を満たす最小の自然数である場合に，周期 k の周期点であるとよぶ．いつものように，G の反復は $G^j(x) = G(G^{j-1}(x))$ で定義される．この周期点に対応する，すなわち 閉軌道は，集合 $\{x, G(x), \cdots, G^{k-1}(x)\}$ によって表される．

4.1.1 周期軌道の存在

周期軌道の存在を保証する大域的な条件は，周期が小さい場合には幾分容易にわかる．ここでは周期 2（もしくは周期 3）の周期軌道の例を与えよう．

補題 4.1.1.[1] $G : [a,b] \to [a,b]$ が連続であると仮定する．(a,b) の元 $\overline{x}$ が不動点であり，$(a,\overline{x})$ の任意の元 x に対して $G(x) > x$ が成り立つとする．もし $(a,\overline{x})$ の元 x_0 で，$G^2(x_0) \leq x_0$（もしくは，$G^3(x_0) \leq x_0$）なるものが存在するならば，G には周期 2（もしくは 周期 3）の周期軌道が存在する．

周期 2 の場合に対する短い証明を与える．$(a,\overline{x})$ の元 x_0 は $G^2(x_0) \leq x_0$ を満たすとする．まず，端点 a が不動点ではない，すなわち $G(a) \neq a$ が成り立つ場合を考える．$G^2(a) \geq a$ であるので，連続性から G^2 は，$[a,x_0]$ 内に不動点 x をもつ．しかも $a \leq x \leq \overline{x}$ から，x は G の不動点にはなりえない．したがって G の周期 2 の周期点である．次に $G(a) = a$ が成り立つ場合は，a に十分近い x_1 で $G^2(x_1) > x_1$ となるものがある．そのとき，再び連続性より G^2 は $(x_1, x_0]$ に不動点をもち，それは周期 2 の周期点となる．周期 3 の場合の証明も同じようにできる．容易にわかるように，この論法は，任意の素数 k を周期とする周期軌道に対して適用できる．

図 4.1 は，補題の条件を満たす，すなわち周期 2 と周期 3 の周期点をもつ写像 G のグラフを示している．この例では異なる周期の周期軌道が共存する．次の定理は，このような共存の生まれ方を特徴づけるものである．特に，

---

[1] 訳注：付録で証明を与えた．

4.1 区間上の写像

図 4.1 のように区間からそれ自身への連続写像が周期 3 の周期軌道をもてば，実際には任意の周期の周期軌道をもち，したがって極めて複雑な軌道を生み出し得ることがわかる．

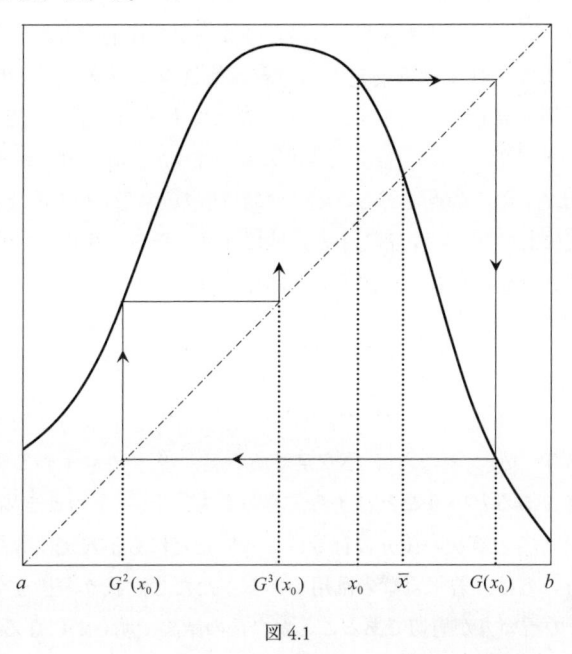

図 4.1

定理 4.1.2. (Sarkovskii(1964))[2]．以下のような自然数の順序関係を考えよう：

$$3 \succ 5 \succ 7 \succ \cdots$$
$$\succ 2 \cdot 3 \succ 2 \cdot 5 \succ 2 \cdot 7 \succ \cdots$$
$$\cdots$$
$$\succ 2^m \cdot 3 \succ 2^m \cdot 5 \succ 2^m \cdot 7 \succ \cdots$$
$$\cdots$$
$$\succ \cdots \succ 2^p \succ \cdots \succ 8 \succ 4 \succ 2 \succ 1.$$

連続写像 $G : [a,b] \to [a,b]$ が周期 k の周期点をもつならば，任意の $k' \prec k$ に対して，この写像は周期 k' の周期点をもつ．

---
[2] 訳注：付録で特別な場合の証明を与えた．

4.1.2 安定性

仮に安定な周期軌道が存在するとして，どの周期軌道が安定であるかを見出すことは，沢山の周期軌道がある場合には重要な作業である．不動点や閉集合に対する安定性や漸近安定性の定義は第 2 章で与えた（注意 2.1.1）．その定義は周期軌道 $(x_0, x_1, \cdots, x_{k-1})$ に対しても適用可能である．ここで，$G^k(x_0) = x_0$ であり，$n = 1, \cdots, k-1$ に対して $G^n(x_0) = x_n \neq x_0$ である．実際，x_0 は G^k の不動点であるので，周期軌道の (漸近) 安定性は G^k に伴う差分方程式における x_0 の (漸近) 安定性に等価となる (注意 2.1.2)．もし G が，連続微分可能であれば，微分の連鎖律より

$$(G^k)'(x_0) = G'(x_{k-1}) \cdots G'(x_0) \tag{4.2}$$

が得られる．そこで，$d = (G^k)'(x_0)$ とおくと，$|d| < 1$ ならば周期軌道は漸近安定であり，$|d| > 1$ ならば **不安定**である．今後，$|d| \leq 1$ のとき，周期軌道は**弱安定**であるということにする．もっとも，$|d| = 1$ のとき周期軌道は，x_0 における G^k の高次の微分の符号によって安定にも不安定にもなり得るので，この言い方は，若干言葉の乱用である．ただし，我々が扱うケースにおいては，この言い方が適切であることが今後の議論で明らかになる．$d = 0$ のとき，周期軌道は**超安定**であるという．(4.2) を用いると，この状況は G の**臨界点**，すなわち $G'(x) = 0$ を満たすような点 x が周期軌道上に存在することを意味する．最後に，前述の諸定義は周期軌道上の点の選び方に依存しないことを注意しておく．実際，再び微分の連鎖律を用いて，周期軌道の任意の元 x_n に対して

$$\begin{aligned}(G^k)'(x_n) &= G'(x_{n-1}) \cdots G'(x_0) G'(x_{k-1}) \cdots G'(x_n) \\ &= (G^k)'(x_0)\end{aligned}$$

が得られる．

写像 G とその反復に対して適当な正則性の仮定を課さないと，(4.1) の安定周期軌道に関して何か意味のある主張をすることは難しい．我々が課す最初の正則性に関する仮定は G の**単峰性**である：

4.1 区間上の写像

G は C^1 級で単峰である。すなわち，$G'(x^*) = 0$ を満たし，
$x < x^*$ に対して $G'(x) > 0$ で，$x > x^*$ に対して $G'(x) < 0$ (4.3)
となる (a,b) の元 x^* が存在する。また，$G(x^*) = b$ である。

ここで，$G(x^*) = b$ という仮定は，$G(x^*) > x^*$ である限りは一般性を失わない。なぜなら不変区間 $[a, G(x^*)]$ に問題を制限して考えればよいからである。この仮定により，G は，(x^*, b) において唯一の不動点 $\bar{x}$ をもつ。次の仮定は，G が，区間 (a, x^*) 内に不動点をもたず，さらに，もし端点 a が不動点ならば不安定となるというものである：

任意の $x \in (a, x^*)$ に対して $G(x) > x$ であり，さらに，もし
$G(a) = a$ ならば $G'(a) > 1$ が成り立つ。 (4.4)

G が単峰であるという仮定は，G のグラフに沢山の上昇や下降が現れることを排除する。しかしそれでもなお，このグラフを表現する曲線は各単調区間内で沢山の"小さい波"を作る可能性がある。我々としては，こうした状況が G やその反復 G^n に対して怒ることを避けたい。

G が負のシュワルツ微分をもつことを仮定すると，この現象の発生は避けられる。これは，$\mathbb{R}$ 上の写像の局所分岐を学んだ際に用いた条件（すなわち，フリップ分岐が超臨界的であることの必要十分条件は，一般に写像の不動点で評価したシュワルツ微分値が負であるという条件（注意 3.3.3））の大域分岐版である。G は C^3 級であるとして，シュワルツ微分を

$$SG(x) = \frac{G'''(x)}{G'(x)} - \frac{3}{2}\left[\frac{G''(x)}{G'(x)}\right]^2$$

とすると，条件は以下となる：

G は C^3 級であって，$G'(x) \neq 0$ なる任意の x に対して
$SG(x) < 0$ が成り立つ。 (4.5)

直接計算することによって，

$$SG = -2|G'|^{1/2}\left[|G'|^{-1/2}\right]''$$

を示すことができる。仮定 (4.5)（今後，手短に $SG < 0$ と書く）は，$|G'|^{-1/2}$ が G の任意の単調区間上で凸であることを意味する。$|G'|$ もしくは $\text{Log}|G'|$

がそのような区間上で凹であるならば，この条件は満たされる。ちなみに，G の凹性は $SG < 0$ を保証するための必要条件でも十分条件でもない。

次の事実から，仮定 (4.5) は G のグラフばかりのみならず，G のすべての反復のグラフから "小さな波" を排除していることがわかる。

補題 4.1.3.[3] 1) $SG < 0$ ならば，$|G'|$ は，正の極小値をもたない。
2) $\mathbb{R}$ からそれ自身への任意の二つの C^3 級写像 G, H に対して，
$$S(G \circ H)(x) = SG(H(x))[H'(x)]^2 + SH(x)$$
が成り立つ。それゆえ，$SG < 0$ かつ $SH < 0$ であれば，$S(G \circ H) < 0$ となる。特に，$SG < 0$ であれば，任意の $n \geq 1$ に対して $SG^n < 0$ となる。

仮定 $SG < 0$ からは，より多くのことが導かれる。実際，G が単峰である，すなわち，仮定 (4.3) ならびに (4.4) を満たすならば，次の定理が示すように弱安定な周期軌道は高々一つしか存在しない。今後の記述を簡単にするために次を定義する。n が $+\infty$ に近づく際に，$G^n(x)$ の任意の反復の列の極限点集合が周期軌道 P に一致するとき，P が点 x を吸引するという。

定理 4.1.4. 写像 $G : [a, b] \to [a, b]$ が (4.3) − (4.5) を満たすとする。そのとき，

1) G は，高々一つの弱安定な周期軌道をもつ。この周期軌道は区間 $[G(b), b]$ 上に存在する；

2) G が弱安定周期軌道をもつならば，それは臨界点 x^* を吸引する。さらに，もし，
$$G''(x^*) < 0 \tag{4.6}$$
であるならば，弱安定周期軌道は区間 $[a, b]$ におけるルベーグ測度 0 の集合を除いた任意の点を吸引する。

これは，(4.3) から (4.6) の条件を満たす写像に限定すると，たとえ無限個の周期軌道が存在したとしても弱安定な周期軌道は高々一つしか存在しない

---

3) 訳注：付録で証明を与えた。

4.1 区間上の写像

ことを示しており，注目すべき結果である．そのような安定周期軌道が存在する場合，その安定周期軌道は実は区間のほとんどの点を吸引する．この特徴は安定周期軌道が存在するときには，それを発見するよい実用的方法を与えてくれる．実際，ランダムに区間の点を選び，コンピュータを用いて反復し，そして，反復が周期軌道に収束するか否かをチェックすれば十分である．もし周期軌道に収束すれば，極限周期軌道が弱安定であると確信できる．反復は実用上は有限時間後に止める必要があるので，この実験的方法は，十分長くはない周期をもち十分吸引的な周期軌道の発見に限って有用である．もちろん，この方法ではとても長い周期をもつ，もしくはとても弱い吸引をする弱安定な周期軌道が存在する状況と安定周期軌道が存在しない状況とを区別することはできない．

先述の定理は，(4.3) から (4.5) を満たす写像で安定周期軌道をもたないものを構成する目的にも用いることができる．臨界点 x^* の反復が収束しないか，または不安定周期軌道に入り込みさえすれば，写像は安定周期軌道をもたない．図 4.2a ならびに b はそのようなパターンの例を与える．そこでは，臨界点の反復が不安定不動点にぶつかっている．この図に示された写像は，補題 4.1.1 の条件を満たしているので周期 3 の周期軌道をもち，よってシャルコフスキーの定理から任意周期の周期軌道をもつことがわかる．しかしながら，写像が負のシュワルツ微分をもてば，これらの周期軌道のいずれも安定ではない．そのような場合，周期軌道に属さない任意の初期条件に対して，対応する軌道は非周期的である．この種の写像は，"乱流的"もしくは"カオス的"なふるまいを描写するよい候補である．我々は，後程，そのような問題を扱う際に，この種の写像について再考する．

78 第4章 大域的分岐とカオス

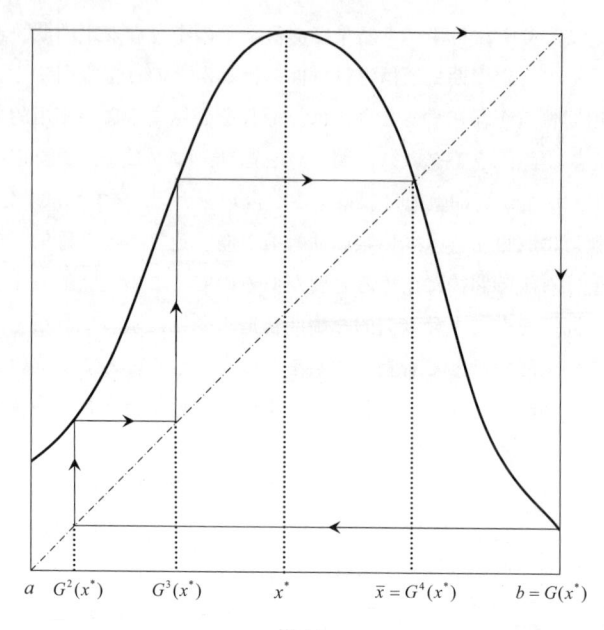

図 4.2a

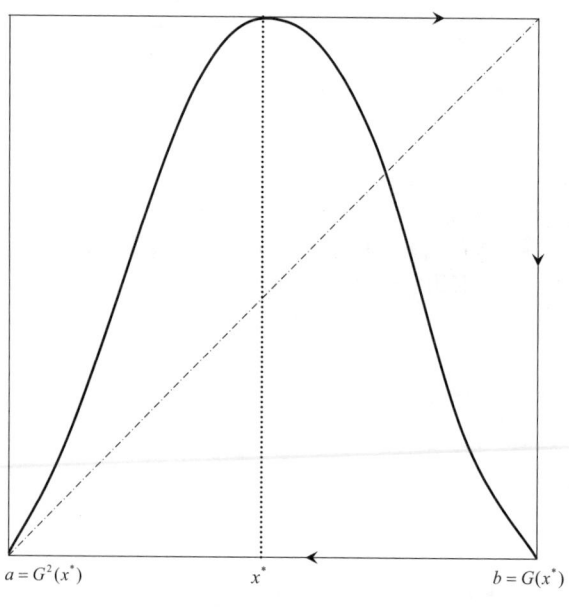

図 4.2b

4.1.3 分岐

実数 α をパラメタとする写像 G_α の族を考えよう．パラメタを変化させると，写像 G_α もしくはその反復 G_α^n は分岐をおこし得る．ここで我々は $\mathbb{R}$ 上の写像を考えているので分岐はサドルノード型（3.2 節）もしくはフリップ分岐（3.3 節）となるであろう．さらに，もし族の各要素 G_α が負のシュワルツ微分をもてば，反復 G_α^n は同じ性質をもち，すべてのフリップ分岐は超臨界型となって周期 k の安定周期軌道は不安定となり，周期 $2k$ の安定周期軌道が発生する（注意 3.3.3）．このような族を扱う際には，周期倍分岐のカスケードが観察されることが期待される．これは実際に数値実験で観察できる．ここでは，この現象を説明する数学的結果について見ていく．

$[a_\alpha, b_\alpha]$ からそれ自身への写像 G_α の族を考えよう．ここで，パラメタ α は $[0, 1]$ に属している．各 G_α は単峰的，すなわち仮定 (4.3) を満たし (唯一の臨界点を x_α^* とする)，さらに G_α ならびにその 1 階微分，および a_α と b_α は α に連続的に依存すると仮定する．族 G_α は次を満たすとき，**完全（完全族）**であるという．

1) $\alpha = 0$ に対して $G_0^2(x_0^*) = G_0(b_0) > x_0^*$ となる．その場合，各 n に対して，臨界点の n 回反復，すなわち，$G_0^n(x_0^*)$ は区間 $[G_0(b_0), b_0]$ に属する．

2) $\alpha = 1$ に対して，$G_1^2(x_1^*) < x_1^*$ でかつ $G_1^3(x_1^*) < x_1^*$.

完全族においては，α が 0 に近い場合に G_α が持ちうる周期軌道は，不動点もしくは周期 2 の周期軌道であることが容易に確かめられる．対照的に，α が 1 に近い場合には，写像 G_α は補題 4.1.1 が示すように周期 3 の周期軌道をもち，よってシャルコフスキーの定理により，任意周期の周期軌道をもつことがわかる．

シャルコフスキーの定理は安定周期軌道に関する命題ではないが，完全族においては，任意の周期 k に対して，パラメタの適当な開区間が $[0, 1]$ のどこかに存在して，パラメタがその範囲にあるとき，周期 k の安定周期軌道が現れることが期待されよう．さらに，定理 4.1.2 における自然数の順序をみ

ると，2 の幅に等しい周期をもつ安定周期軌道がまずはじめに，すなわち，α の値が小さい範囲で現れると考えるのが自然であろう．次の定理はこの直観をより厳密に述べ直したものである．

定理 4.1.5. $[0,1]$ に属する α をパラメタとする連続な単峰写像の 1 パラメタ完全族 G_α を考える．このとき，以下が成り立つ：

1) 任意の $k \geq 2$ に対して，G_α が周期 k の超安定周期軌道をもつパラメタ α の集合は，空でない閉集合である．α をそのようなパラメタ値とすると，α を含む開区間で，その区間に属する任意の β に対して G_β が周期 k の安定周期軌道をもつようなものが存在する．

2) α_p^* を $2^p (p \geq 1)$ の周期をもつ超安定な周期軌道が存在する最初の α とする．このとき，列 α_p^* は p に伴って増大し，p が $+\infty$ にいくとき，ある値 $\alpha_\infty^* < 1$ に収束する．任意の $\alpha \in [0, \alpha_\infty^*)$ に対して，写像 G_α のすべての閉軌道は 2 の幅の周期をもつ周期軌道もしくは不動点となる．

3) 周期 2^p ならびに 2^q（但し，$q > p+1$）の超安定な周期軌道が，パラメタがそれぞれ $\alpha, \beta \in [0, \alpha_\infty^*)$ の場合に発生するならば，周期 $2^k (q > k > p)$ をもつ超安定な周期軌道が区間 (α, β)（もしくは (β, α)）内の適当な値において発生する．

上述の結果は負のシュワルツ微分を持たない写像に対しても成り立つ．さらに負のシュワルツ微分をもつことを仮定すれば，次の結果が得られる．

定理 4.1.6. $(4.3) - (4.6)$ を満たす連続な単峰写像の 1 パラメタ完全族 G_α を考える．このとき，以下が成り立つ：

1) $[0, \alpha_\infty^*)$ に属する任意の α に対して，写像 G_α は唯一つの弱安定周期軌道をもつ．

2) G_α が弱安定周期軌道をもたないような $\alpha \in (\alpha_\infty^*, 1]$ の非可算集合が存在する．

これらの結果は，前章で用いた（局所的な）分岐図式と同様の考え方で，横軸に α をとり，縦軸に安定周期軌道をプロットすることで，（大域的な）分岐

図に翻訳できる．とくに，族の各写像が負のシュワルツ微分をもつ場合に焦点を絞ると，図 4.3 に示したように区間 $[0, \alpha_\infty^*)$ 上に大域的な周期倍分岐のカスケードを得る．そこでは，周期が 2 の幅である安定周期軌道がシャルコフスキーの自然数順序の最後の列のように連なって順々に現れる (ただし，現れ方は単調とは限らない．族のパラメタの付け方を非単調なもので置き換えたらどうなるかを考えてみよ)．周期が 2 の幅ではない安定周期軌道は $(\alpha_\infty^*, 1]$ 内の開区間で発生する．そのような周期 (例えば奇数周期) の安定周期軌道がひとたび発生すると，大域的な周期倍分岐のカスケードが続々と観察される．$(\alpha_\infty^*, 1]$ における非可算個のパラメタ値に対して，写像は非周期的となる．すなわち安定周期軌道をもたない．

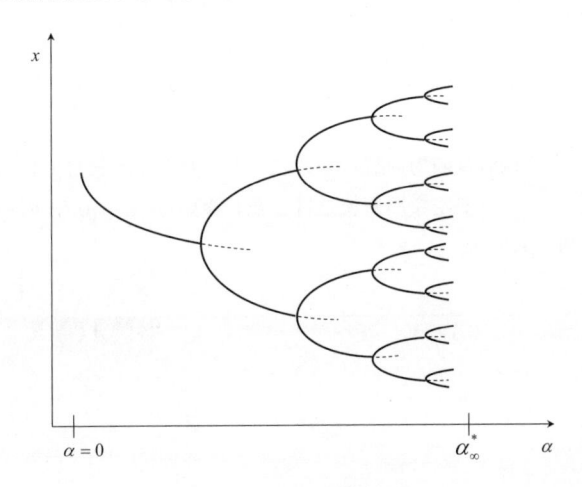

図 4.3 大域的な周期倍分岐

そのようなパターンは定理 4.1.4 を考慮して差分方程式の数値計算をおこなうと実験的に生成できる．適当なパラメタ格子を用いて，格子の各 α において，区間 $[a_\alpha, b_\alpha]$ からランダムに選び出した値を初期値として，$G_\alpha^n(x)$ を例えば $n = 100$ から $n = 200$ まで反復させた値をプロットする．各 G_α が負のシュワルツ微分をもつ場合，この手続きによって短い周期をもつ安定で十分に吸引的な周期軌道を描くことができる．この実験的な手続きによって $[0, \alpha_\infty^*)$ 内に周期倍分岐のカスケードがほぼ再現できる．α_∞^* を超えると，い

くつかの場所でパラメタの小さな窓が現れて，そこで周期 3 もしくは 5 のような小さい周期の安定周期軌道が周期倍カスケードを伴って発生するのが典型的に観察される．別の場所では "無秩序状態" が観察される．すなわち，安定周期軌道が存在しないか，たとえ存在しても，長い周期の安定周期軌道であったり，非常に弱い吸引性をもつ安定周期軌道であったりする状況である．

図 4.4 は，上記のような数値実験で得られたロジスティック写像族

$$G_\alpha(x) = 1 - \alpha x^2, \quad x \in [-1, 1]$$

の分岐図 $(0 < \alpha \leq 2)$ である．この区間のパラメタ α に対して，G_α は $x^* = 0$ で唯一の臨界点をもつ単峰写像であり，$G_\alpha(x^*) = 1 > x^*$ を満たす．また，$G_\alpha'''(x) \equiv 0$ ゆえ，負のシュワルツ微分をもつ．α が 0 に近いと，$G_\alpha^2(x^*) > x^*$ であると容易に示すことができる．$\alpha = 2$ の場合には，$G_\alpha^2(x^*) = G_\alpha^3(x^*) = -1 < x^*$ であり，G_α のグラフは図 4.2b のようになる．このとき，周期 3 の周期軌道が存在し，それゆえ，任意の周期をもつ周期軌道が存在する．安定な周期軌道は存在しない．$\alpha \in (0, 2]$ の場合のロジスティック写像族は完全である．

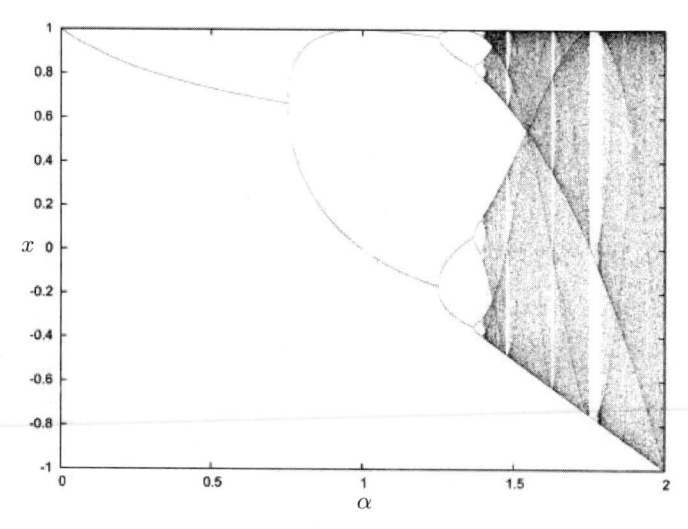

図 4.4　大域的な分岐ダイアグラム：ロジスティック写像族

4.1.4 位相カオス

これまで見てきたように，実数直線上の非線型差分方程式は周期軌道を生み出し得る．また，それらは純粋に決定論的システムであるにもかかわらず，はるかに複雑で一見 "ランダム" かつ幾分予測不可能に見える軌道も生み出し得る．本書では安定な周期軌道をもたない写像（図 4.2）の例を示した際に，そのようなふるまいの可能性をほのめかした．これは，一見ランダムに見える現象を決定論的な非線型力学系によって "説明" し，19 世紀の決定論と予測不可能性の対立に折り合いをつけさせる可能性をもっており興味深い．

ここでまずはじめに扱うカオスの概念は，李とヨークによる．$[a,b]$ からそれ自身への写像 G は，以下の条件を満たす周期軌道を含まない非可算不変部分集合 $S^{4)}$ が存在するとき，位相カオスを示す[5]という：

1) $x \neq y$ なる任意の $x, y \in S$ に対して，

$$\limsup_n |G^n(x) - G^n(y)| > 0,$$

$$\liminf_n |G^n(x) - G^n(y)| = 0 \, ;$$

2) 任意の $x \in S$ と任意の周期点 p に対して，

$$\limsup_n |G^n(x) - G^n(p)| > 0.$$

この定義は，カオス的不変集合 S の任意の二つの初期条件 x と y に対して，対応する軌道間の距離がいくらでも近づくことがあり，また離れることもあることを意味している．またこの概念は，"乱流" の本質的特徴の一つであるところの，初期値の小さな摂動が全く異なる軌道を生み出す，という性質を説明しているように思われる．なお，この性質は**初期値敏感性**（**初期値鋭敏性**）と呼ばれている．

---

4) 訳注：この S を攪拌集合と呼ぶこともある．
5) 訳注：G が周期の異なる無限個の周期軌道をもつという条件（國府 (2000)）や G が連続という条件（シャルコフスキーの定理の仮定）を課す場合もある．

Li and Yorke (1975) は，連続写像 G が周期 3 の周期軌道をもつとき，上の意味でカオス的であることを証明した．一方で，G^n が，ある $n \geq 1$ に対してカオス的であるならば，G も位相カオスとなることを示すことは難しくない．これらの事実とシャルコフスキーの定理を用いると以下の定理を得る．

定理 4.1.7. 連続写像 $G : [a, b] \to [a, b]$ が 2 の冪でない周期の周期軌道をもつならば，G は位相カオスを示す．

位相カオスの別の表現方法は，Devaney (2003, Section 1.8, Definition 8.5) に見出される．これは実際には李とヨークが定義した概念と本質的に同等である．$[a, b]$ からそれ自身への写像 G は，非可算不変部分集合 $S(\subset [a, b])$ で以下を満たすものが存在するとき，ドゥベイニーの意味でカオス的であるという：

(1′) G は S 上で初期値敏感性をもつ．すなわち，ある δ が存在して任意の $x \in S$ と x の任意の近傍 $U(\subset S)$ に対して，U の元 y が存在してある $n > 1$ で，$|G^n(y) - G^n(x)| > \delta$ となる[6]．

(2′) G は S で位相推移的である．すなわち，G は S で稠密な軌道をもつ．

(3′) 周期軌道の集合は S で稠密である．

定理 4.1.7 は，位相カオスを，李とヨークの意味の代わりにドゥベイニーの意味で定義した場合にも同様になりたつ．初期値敏感性 (1′) は，かなり一般的な状況下において（すなわちコンパクト距離空間 X 上の写像 $G : X \to X$ がコンパクト距離空間に連続に作用するとき），他の二つの条件 (2′) と (3′) から得られる (Banks et al. (1992) を参照せよ) [7]．

ただ，上記の"位相カオス"の概念は，"物理学的な"観点からはあまり満足のいかないものである．与えられた G が上の意味でカオス的であったとしても，ルベーグ測度に関して区間のほとんどの点を吸引する安定周期軌道

---

6) 訳注：この δ を敏感性定数と呼ぶこともある．
7) 訳注：付録で正確な主張と証明を与えた．

が存在することがある[8]。定理 4.1.4 によれば，G が単峰で，負のシュワルツ微分をもち，2 の幅でない周期の安定な周期軌道をもつとき，そのようなことがおこる。定理 4.1.5 や定理 4.1.6 で見たような，単峰で負のシュワルツ微分をもつ写像 G_α の分岐族においては，写像 G_α は，しばしば，区間 $(\alpha^*_\infty, 1]$ 全体で李とヨークの意味もしくはドゥベイニーの意味でカオス的になる一方で，この区間の沢山の開部分区間において，$[a_\alpha, b_\alpha]$ の大部分の点を吸引する安定周期軌道が存在することがある。そのような場合，カオス的不変集合 S の存在は，軌道に影響を与えるものの系の漸近挙動には影響しない。そのような過渡的なふるまいは，しばしば"トランジエントカオス（過渡的なカオス）"と呼ばれる[9]。

4.1.5　エルゴードカオス

上の議論は，写像が満足のいくカオス概念の基準を満たすためには安定周期軌道をもつべきではないということを示唆している。定理 4.1.4 によれば，G が単峰であって $SG < 0$ ならば，臨界点の反復が収束しないか，もしくは不安定周期軌道にぶつかることと同値である。

このような非周期的写像のクラスの中で，特に興味深いのは，ルベーグ測度に関して可積分な密度をもつ"不変確率測度"を有する写像である。（ボレル σ-代数に伴う）$[a,b]$ 上の確率測度 ν は，もし任意のボレル集合に対して $\nu(G^{-1}(A)) = \nu(A)$ を満たすならば，G に関して不変であるという。そのような不変確率測度の例は，周期軌道 $\{x_0, x_1, \cdots, x_{k-1}\}$ の各 x_j $(j = 0, \cdots, k-1)$ に重み $1/k$ を割り当てる確率測度 ν を考えることによって与えられる。より一般には，不変確率測度の台（サポート），すなわち，確率 1 をもつ最小の閉集合 Λ が不変集合である。もし ν が密度を持てば（このとき ν は（ルベーグ測度に対して）絶対連続であるという），不変集合は非可算個の点を含み，正のルベーグ測度をもつ。最後に，任意の ν-可積分実数値関数 f に対して，

---

[8] 訳注：一般に別途吸引的（安定）不変集合（不動点，同期軌道，カオス的不変集合等）が存在することがある。

[9] 訳注：最近，流体力学の乱流現象においてトランジエントカオスの重要性が認識されてきている。トランジエント的ふるまいをおこす時間が"十分に長い"場合には，そのふるまいは現象を理解する上で重要になってくる。

n を $+\infty$ に近づけると，ν に関してほとんど至るところの点 x において
$$\frac{1}{n}\sum_{j=1}^{n} f(G^{j-1}(x)) \to \int f\,d\nu$$
となるとき，ν はエルゴード的であるという．このことから，特に，もし各 x ならびに任意の n に対して，$j=0,\cdots,n-1$ に関する反復 $G^j(x)$ 各々に対して重み $1/n$ を割り当てる経験分布 $\nu_n(x)$ を考えると，列 $\nu_n(x)$ は，ν に関してほとんど至るところの点 x において ν に弱収束する（この事実の証明ならびに確率測度の弱収束の定義に関しては，例えば Parthasarathy (1967, Theorem 9.1) を見よ）．それゆえ，G が絶対連続なエルゴード的不変確率測度 ν をもつならば，ν の台 Λ の中から出発した大抵の軌道は，台の中に留まりつつ最終的には極限分布 ν の台全体を隈なく満たすので，その動きはきわめて複雑に見える．実際，これらの軌道のほとんどは Λ において稠密である．しかし，これらの軌道は統計的には強い秩序を示す．これは，経験分布ならびに時間平均が ν に関してほとんどすべての初期点に対して漸近的に安定になるからである．

図 4.2 のようなグラフをもつ写像は，次の事実が示すように，絶対連続なエルゴード的不変確率測度をもつことがわかる．

定理 4.1.8. $[a,b]$ からそれ自身への写像 G は (4.3) – (4.6) を満たし，弱安定周期軌道をもたないとする．また，臨界点 x^* の開近傍 V で，反復 $G^n(x^*)$ が任意の $n \geq 1$ に対して V に属さないようなものが存在すると仮定する．このとき，G は，唯一つの絶対連続な不変確率測度をもつ．また，それはエルゴード的である．上の仮定は，G が (4.3) – (4.6) を満たし，臨界点の反復が不安定周期軌道に衝突するならば満たされる．

G が絶対連続なエルゴード的不変確率測度 ν をもてば，ν の台 Λ の中の軌道は，李とヨーク（条件 (1)）もしくはドゥベイニー（条件 (1')）の意味で初期条件に対する敏感な依存性を示すことを注意しておく．位相カオスとの基本的でかつ本質的な違いは，"カオス"的不変集合 Λ が正のルベーグ測度をもつという点である．

初期値敏感性は，いわゆる リアプノフ指数の概念を用いて特徴づけることもできる．$[a,b]$ の点 x に対し，$x_j = G^j(x)$ を $x_0 = x$ を初期条件とした

$j(\geq 0)$ 回反復とする.このとき,x における G のリアプノフ指数は,次の極限

$$\lim_{n\to\infty}\frac{1}{n}\sum_{j=1}^{n}\text{Log}\left|G'(x_{j-1})\right| = \lim_{n\to\infty}\frac{1}{n}\text{Log}\left|(G^{n-1})'(x)\right|$$

が存在する場合に,この極限値として定義される.この定義を不動点の場合や,より一般的に周期 k の周期軌道の場合に適用すると,対応するリアプノフ指数は単に $(G^k)'(x)$ の絶対値の対数に他ならない.直観的には,リアプノフ指数は,x からはじまる軌道とその近くの軌道とが (指数的に) 離れる度合の平均値を測っている.それゆえ,軌道が初期条件 x の微小な変化に敏感であるという概念は,G の x におけるリアプノフ指数が存在してそれが正であるという性質によって表現できる.

ここで絶対連続なエルゴード的不変確率測度 ν をもつ写像 G を考えよう.エルゴード性の定義から,リアプノフ指数は,ν の台のほとんどすべての点 x (すなわち ν-a.e. x) に対して存在する.このリアプノフ指数は,実は,$\int \text{Log}|G'(x)|\,d\nu$ に等しく,それゆえ,x とは独立になる.そこで,このような場合には,Λ 上における G のリアプノフ指数ということにする.もし,リアプノフ指数が正であるならば,集合 Λ は正のルベーグ測度をもち,ほとんどすべての初期条件 $x \in \Lambda$ から,Λ において稠密で,かつ初期値感性をもつ軌道が生み出される.系の運動法則は決定論的であるにも拘わらず,Λ 内の軌道は "ランダム" に見え,実際,初期条件にほんのわずかな測定誤差が生じても,十分長い反復の後には,軌道のふるまいは予測不能となってしまう.それゆえ,集合 Λ は,いわゆるワイルドなアトラクタの一例となり,エルゴード的なカオスを生み出す.

4.1.6 多数の漸近安定周期軌道とエルゴードカオス

さてここで,次の疑問が生じる.1次元差分方程式において,安定周期運動とカオスは,どれくらいの相対頻度でおこるのであろうか? 実は,この問題には,二種類の "通有性" の概念の間の微妙な対立がからんでいるのである.

この問題の解析に便利な枠組として,定理 4.1.6 と同様に,負のシュワルツ微分をもつ単峰写像の 1 パラメタ族を考える.はじめに,周期軌道の漸近安定性が構造安定,すなわち,写像 G_α の小さな C^r 摂動に対して構造が存続

することを期待する（これはいわゆる"公理 A"を満たす写像の構造安定性から従う。Nusse (1986) もしくは De Melo and van Strien (1993, p. 227) を参照せよ）。実は，定理 4.1.6 のように条件 (4.3) – (4.6) を満たす S-単峰写像のクラスにおいては，漸近安定周期運動（を有する写像の集合）は稠密になる（このことは，Jakobson（ロシア語の文献）と Kozlovski (1998, Chapter 7) の仕事による。Jakobson and Swiatek (2002, Section 4.2) を参照せよ）。これらのことから，定理 4.1.6 の仮定の下で，安定周期軌道をもつパラメタ α の集合は $[0,1]$ で稠密な開集合であることがわかる。ここで述べた位相的観点によれば，族の中で安定周期軌道をもたない写像 G_α は"稀"であり，また構造不安定である。すなわち，パラメタ α を微小に摂動することによって安定周期軌道をもつ写像になる。こうした構造不安定性の例は図 4.2 を見れば容易に視覚化できる。この図に示した写像においては，臨界点の反復が不安定な不動点にぶつかっているので，定理 4.1.8 により，この写像は絶対連続な不変確率測度をもつ。しかしながら，そのような性質は，写像をなめらかに微小摂動することによって壊れうることは明らかである。

これとは対照的に，図 4.4 に示したようなロジスティック写像族においては，G_α が絶対連続なエルゴード的不変確率測度をもち，初期条件に対する敏感性を示す（正のリアプノフ指数をもつ）ようなパラメタ α の値の集合は正のルベーグ測度をもつことが Jakobson (1981) によって示されている。また，Misiurewicz (1981, 1983) や Thieullen, Tresser and Young (1994) によれば，同じ結果が，定理 4.1.6 における S-単峰写像の 1 パラメタ族に対しても成り立つ。この測度論的な観点によれば，カオス的ふるまいは稀とはみなすことはできない。族からランダムにパラメタ α を選んだとき，エルゴードカオスを引きおこす写像を得る確率は正である。

定理 4.1.9. 定理 4.1.6 のように (4.3) – (4.6) を満たす連続な単峰写像の 1 パラメタ完全族 G_α を考える。このとき次が成り立つ：

1) G_α が唯一の安定周期軌道をもつようなパラメタ α の集合は稠密な開集合である。

2) G_α が絶対連続なエルゴード的不変確率測度 ν_α をもち，かつその台 Λ_α

4.1 区間上の写像

が正のリアプノフ指数をもつようなパラメタ α の集合は正のルベーグ測度をもつ．

ここで行なった議論の結論は，カオスの存在に関する主張を評価する際には，慎重でなければいけないということである．李とヨークの意味もしくはドゥベイニーの意味での位相カオスは，満足のいく定義ではない．なぜなら，彼らのカオス的不変集合はルベーグ測度が 0 であるかもしれず，ルベーグ測度に関してほとんどすべての初期値を吸引する安定周期軌道が共存するかもしれないからである．実際，定理 4.1.9 の状況では，パラメタ α の稠密な開集合に対してそうなる．定理 4.1.9 2) で述べたようなより強く満足のいくエルゴードカオスに焦点をあてると，そのようなエルゴードカオスが正の確率でおこるということがわかる．しかしながら，そのような現象は，構造不安定である．すなわち，小さな滑らかな摂動に対して，カオスはなくなって，ほとんどすべての初期値を吸引する安定周期軌道が存在するようになる．それゆえ，ロジスティック写像族に対して図 4.4 に再現した分岐図のような，数値シミュレーションに基づいた，カオスの存在に関する主張に接する際には十分な注意を要する．図 4.4 に再現された一見 "乱雑な" 軌道は，厳密にカオス的であるとは解釈できない．なぜならば，分岐パラメタ α の稠密開集合に対して，安定な漸近的ふるまいが発生するからである．このような複雑な軌道は，多くの場合，単に位相カオスのトランジエント的な影響の結果であるか，もしくは非常に長い周期をもつ安定周期軌道にシミュレーションの丸め誤差による少量のノイズが加わった状態を反映していると見なすことができよう．

注意 4.1.10. 本書で，エルゴードカオス，すなわち，絶対連続なエルゴード的不変確率測度 ν が存在する状況から，ν の台 Λ における初期条件に対する敏感性が導かれ，この台は正のルベーグ測度をもつことを述べた．逆に，李とヨークやドゥベイニーの意味での "カオス的" 不変集合 S 上における位相カオスが正のルベーグ測度をもちながらも，エルゴードカオスでない，すなわち，絶対連続な不変確率測度が存在しない，という状況もおこり得る．このことが，定理 4.1.6 と 4.1.9 の仮定を満たす S-単峰写像に対して（図 4.4 のロジスティック写像族に対してさえも）おこり得ることが Johnson (1985) と Bruin, Keller, Nowicki and van Strien (1996) によって示された．そうは言うものの，"厚い"（正のルベーグ測度をもつ不変カオ

ス集合 S 上の）位相カオスは，定理 4.1.9 において扱った S-単峰写像の 1 パラメタ族の中では，パラメタ α の稠密開集合の外においてのみ実現される．

注意 4.1.11. 仮定 (4.3), (4.4), (4.6) が $x \mapsto h(x)$ の形の変数変換（ここで，h は向きを保つ，すなわち，任意の x に対して $h'(x) > 0$ となる C^r 級微分同相写像）によって保存されることを示すことは難しくない．対照的に，条件 $SG < 0$ は，いかなる大域的な凸性の仮定もそうであるように，非線型の変数変換によって保たれない．これは数学的には厄介な状況であり，このため，負のシュワルツ微分の条件 (4.5) が実際にどの程度有用であるのか気にかかる向きもあろう．そのような条件は C^3 級の（(4.6) を満たす）臨界点が平らでない単峰写像（(4.3), (4.4) のようなもの）の場合には，実は冗長的であることが最近わかってきた．要するにその場合には，臨界点のまわりの適当な区間が存在して，この区間に対する第一エントリ写像 (the first entry map) が負のシュワルツ微分をもつので，条件 (4.5) は実際には必要でないかもしれないのである (De Melo and van Strien (1988) ; Kozlovski (1998, Section 3.4)(2000))．

4.2　ホモクリニック分岐と馬蹄

上で説明した複雑な周期軌道やカオスの例は，十分大きく「盛り上がった」実数直線上の単峰写像に関するものであった．そのような写像は確かに特別であるが，より高次元の力学系においてこれまでに見つかっている決定論的カオスの多くに共通して現れるメカニズムを含んでいる．例えば，図 4.2 で表された写像を見ると，区間の像は区間を引き延ばし，折り畳むことによって得られる．さてここで，**馬蹄写像**と呼ばれる平面上の微分同相写像を見てみよう．これはスメールによるものであり，上と同様のメカニズムによって複雑な不変集合が形成される．これから見るように，双曲型不動点の安定多様体と不安定多様体の横断的な交差が存在するときに平面上の微分同相写像に馬蹄構造が生まれる．この現象は少なくとも定性的にはポアンカレやバーコフに知られていたようである．

4.2 ホモクリニック分岐と馬蹄

4.2.1 馬 蹄

単位正方形 S を図 4.5 のような馬蹄型の集合 $G(S)$ にうつす平面上の C^1 級微分同相写像 G を考えよう. ここで, A', B', … はそれぞれ A, B, … の像を表す (写像は実際には我々が興味のある領域の近傍においてのみ定義されていればよい). この変換は最初に比率 $a < 1$ による一様な垂直方向の縮小を施し, 次に比率 $b > 1$ による一様な水平方向の拡大を施し, 最後に得られた長方形を真ん中で折り曲げる. 唯一の非線型変換は三番目のものであり, 変換の非線形性は, 馬蹄の点のうち元の単位正方形の外にはみ出ている部分にのみ関わっていると仮定する.

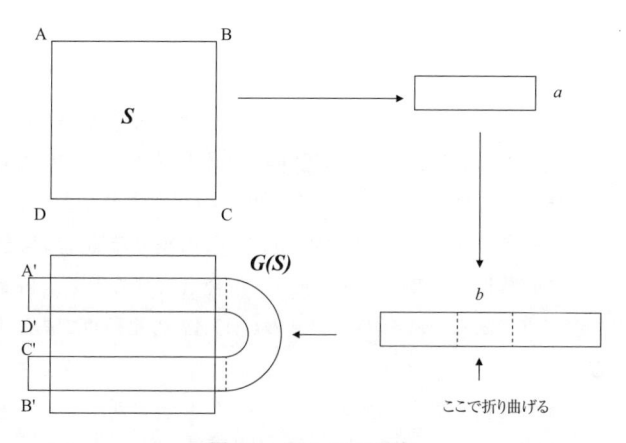

図 4.5 スメールの馬蹄

我々は, 正負を問わずすべての n に対して $G^n(x)$ が S に含まれるような単位正方形の点 x の集合 Λ を特徴づけることに興味を持っている. この観点においては, 図 4.6a のように $G(S)$ と S の交わりの逆像を Δ_0, Δ_1 という記号で表しておくと便利である. 集合 $G(S) \cap S$ は, 高さ a の二つの水平な長方形で成り立っており, 一方, Δ_0 ならびに Δ_1 は, 幅 b^{-1} の垂直な長方形である.

$G(x)$ が S に含まれるような単位正方形の点 x の集合は, Δ_0 と Δ_1 の和, すなわち同じことであるが, $G^{-1}(G(S) \cap S)$ に等しい. 写像を二回反復する

ことによって，$G(S) \cap S$ の G による像は $G(S)$ に含まれるより細い馬蹄によって構成される．それらと単位正方形との交わりは高さ a^2 の 4 個の水平な長方形を生み出し，その和は集合

$$G(G(S) \cap S) \cap S = G^2(S) \cap G(S) \cap S$$

を形成する．図 4.6b を見よ．$G(x)$ ならびに $G^2(x)$ が共に S に含まれる単位正方形の点 x の集合は，G^{-2} によるこれらの 4 個の水平な長方形の像の和である．この集合は，それゆえ，図 4.6c に示したように，幅 b^{-2} の 4 個の垂直な長方形で成り立っている．n に関する帰納的手続きによって，すべての $j = 1, \cdots, n$ に対して $G^j(x)$ が S に含まれるような S の点 x の集合が，

$$G^{-n}(G^n(S) \cap \cdots \cap G(S) \cap S)$$

で与えられる幅 b^{-n} の 2^n 個の垂直な長方形の和となることがわかる．ここで $n \to +\infty$ の極限をとると，x の反復 $G^j(x)$ が任意の $j \geq 0$ に対して単位正方形の上にあることは，x が S の垂直な断片の族に属することに同値となる．これまでの構成方法から明らかなように，この垂直な切片の族を S の水平な底辺の上に射影したものは，カントール集合 Λ_+，すなわち，1) 最大の連結部分集合が 1 点であり，2) 任意の Λ_+ の点が Λ_+ の集積点であるような閉集合である[10]．

同様に逆向きの反復も構成できる．$G^{-1}(x)$ も S 上にあるような S の点 x の集合は，$G(x)$ と S の交わりに等しい，すなわち，図 4.6a の二つの水平な長方形に等しい．同様に，$G^{-1}(x)$ ならびに $G^{-2}(x)$ が共に S に含まれるという性質をもつ単位正方形の点 x の集合は図 4.6b の 4 個の水平な長方形によって成り立っている．n に関する帰納法で極限を取ると，$G^{-n}(x)$ がすべての $n \geq 0$ に対して S に含まれるような S の点 x の集合は，水平な切片の族である．この水平な切片の族を単位正方形の垂直な辺の上に射影したものもまたカントール集合 Λ_- となる．

それゆえ，$G^n(x)$ が正負を問わずすべての n に対して S に属することと，

---

10) 訳注：1) は (完) 全不連結性，2) は完全性と呼ばれる条件である．

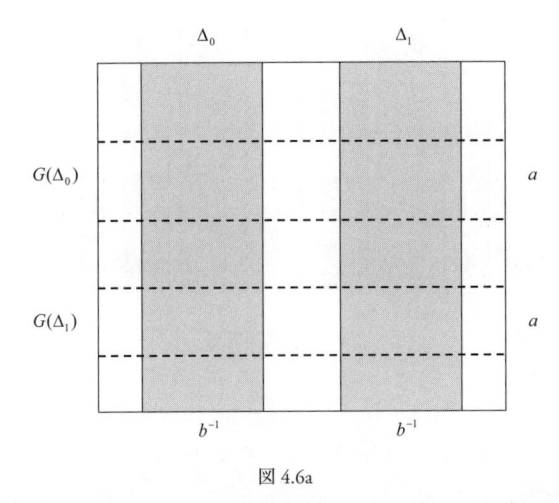

4.2 ホモクリニック分岐と馬蹄　　　93

図 4.6a

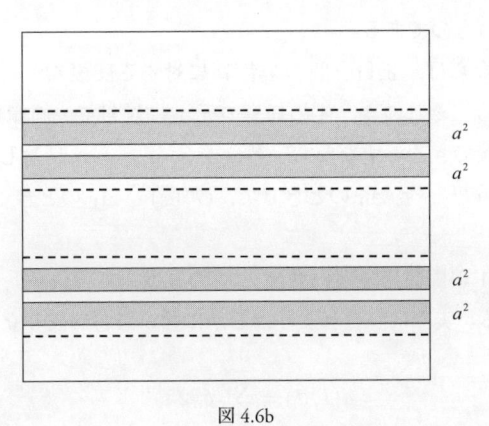

図 4.6b

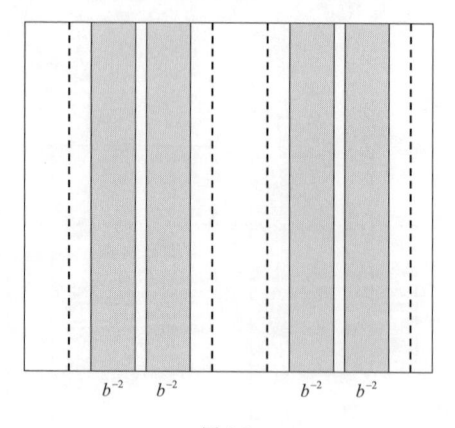

図 4.6c

x がこれら二つのカントール集合の積,すなわち $\Lambda = \Lambda_+ \times \Lambda_-$ に属することが同値となる.

上で得られた不変集合 Λ 内の軌道の構造を描写するためには,記号力学系を導入すると便利である.このアプローチの原理は,与えられた点の前進軌道と後進軌道の位置を正確に追跡する複雑な手続きを,軌道の点が各ステップごとにどの「領域」に入っているかを同定するだけの,はるかに単純な作業で置き換えるものである.

x が Λ の元ならば,正負を問わず各 n に対する反復 $G^n(x)$ は Δ_0 もしくは Δ_1 に属する.それゆえ,Λ の任意の元 x に対して,両側無限列 $I(x)$ が次のように定義できる.すなわち,各 $-\infty < n < +\infty$ に対して,$I(x)$ の第 n 項 $I_n(x)$ は,$G^n(x) \in \Delta_0$ のとき 0 で,$G^n(x) \in \Delta_1$ のとき 1 であると定義する.

Λ から 0 と 1 の両側無限列の集合 Σ への写像 $x \mapsto I(x)$ は,1 対 1 かつ上への写像である.実際は,これよりはるかに強い命題が成り立つ.集合 Σ に

$$d(I, J) = \sum_{-\infty}^{+\infty} \delta_n 2^{-|n|} \tag{4.7}$$

で定義される距離が与えられたとする.ただし,$I_n = J_n$ のとき,$\delta_n = 0$ で,それ以外のとき $\delta_n = 1$ とする.

このとき，二つの列 I と J が距離 (4.7) によって誘導された位相で近いことは，それらが十分に長い"中心のブロック"で等しい，すなわち十分に大きい N に関して，$I_n = J_n$ ($|n| \leq N$) であることと同値である．この位相を Σ に入れると，Λ から Σ の上への写像 $x \mapsto I(x)$ は実は同相写像となる．Λ の任意の元 x に対して $G(x)$ に対応する列，すなわち，$I(G(x))$ は，列 $I(x)$ の記号列を左へシフトさせることによって得られるので，G を不変集合 Λ に制限したものは，$[\sigma(I)]_n = I_{n+1} (-\infty < n < +\infty)$ で定義される（左）シフト自己同型写像 $\sigma : \Sigma \to \Sigma$ に位相共役である．(Guckenheimer and Holmes (1983, Theorem 5.1.1) を見よ)．

この結果から，Λ の点 x の軌道を調べる代わりに，対応する列 $I(x)$ を解析すればよいことになる．例えば，Λ の元 x が周期 k の周期点であることと，$I(x)$ が周期 k で周期的であることとは同値である．このことから，G が S 内に二つの不動点をもち，一方が Δ_0 内に，他方が Δ_1 内にあることがわかる．より一般に，G は，Λ 内に任意の周期の周期軌道をもつ．これらの周期軌道が Λ において稠密であることも容易にわかる．実際，x を $I(x)$ が周期的でないような Λ の元とする．J を任意の $|n| \leq N$ に対して $I(x)$ に一致する周期 $k > N$ の列とする．ここで N を（したがって k も）十分大きくとれば，列 J は上で与えた Σ の距離 (4.7) に関して $I(x)$ にいくらでも近くできる．写像 $x \mapsto I(x)$ は同相写像なので，$J = I(y)$ となるような Λ の元 y は周期 k の周期点であり，x にいくらでも近くできる．

同種の議論から，Λ は Λ で稠密な非周期軌道の非可算集合を含むことがわかる．また，Λ が稠密軌道を含むことも容易に示される．実際，J を Σ に属する列で，0 と 1 の任意の有限列を自分の中に含む（すなわち，与えられた有限列に一致する項の並び方を J 内のどこかに必ず見つけることができる）ものとする．上で用いた稠密性の議論とほぼ同じ論法で，$I(y) = J$ を満たす Λ の元 y が生成する軌道は Λ で実際に稠密になる．以上の議論は次の定理にまとめられる．

定理 4.2.1. (Smale). 馬蹄写像 G は次のような性質をもつ不変カントール集合 Λ をもつ：

1) Λ は任意の周期の周期軌道を含む．周期軌道の集合は Λ で稠密である．

2) Λ は非可算無限個の非周期軌道をもつ。これもまた，Λ で稠密である。

3) Λ は稠密軌道をもつ。

これまでの議論から，上の例で与えた写像の定性的な性質が構造安定であること，すなわち十分小さな C^1 摂動に対して変化しないことが，(証明は自明ではないが) 直観的には明らかである．実際，次の定理が成り立つ．

定理 4.2.2. (Smale). G^* は平面上の微分同相写像で，馬蹄写像 G に (少なくとも関心の対象となる領域において) C^1 で十分近いとする．このとき，G^* 内の不変カントール集合 Λ^* で G^* を Λ^* に制限したものが，G を Λ に制限したものに位相共役となるようなものが存在する．

注意 4.2.3. 馬蹄写像の不変集合 Λ は，沢山の興味深い性質を持っているもののアトラクタではない．実際，初期条件 x を僅かに摂動して Λ の外に出すと，x の前進軌道もしくは後進軌道は最終的に S の外に出てしまう．しかしながら，複雑な不変集合 Λ の存在は，近接軌道のふるまいに，しばしば非常に長時間にわたって影響を与える．上で議論した記号力学系の方法を通して扱い得る複雑な不変集合で，しかも実際にアトラクタになっているわかりやすい例 (いわゆるソレノイド) に関しては，Lanford (1983) を見よ．その例は 3 次元であって，トーラス体を引き延ばしたり折り畳んだりする操作がからんでいる．

4.2.2 ホモクリニック分岐

馬蹄写像の定性的性質は，平面上の微分同相写像の場合には，双曲型不動点の安定多様体と不安定多様体の横断的交差が存在するときに生み出される．

この点を調べるために，平面上の C^r 級微分同相写像 G $(r \geq 1)$ を考え，$\bar{x}$ は G の不動点であるとする (ここで G は，先ほどと同様，以下の議論を進めていくために十分な程度の大きさをもつ $\bar{x}$ の近傍でのみ定義されていればよい). また，$\bar{x}$ は双曲的である，すなわち，ヤコビ行列 $DG(\bar{x})$ は，絶対値 1 の固有値をもたないと仮定する．その場合には，局所安定多様体 $W^s_{(\bar{x})}$ と局所不安定多様体 $W^u_{(\bar{x})}$ が不動点の十分小さな近傍において一意的に定義される (定理 2.5.1).

$\overline{x}$ の大域的安定多様体は，$W^s_{(\overline{x})}$ の後ろ向きの反復の和集合

$$W^s = \bigcup_{n \geq 0} G^{-n}(W^s_{(\overline{x})})$$

をとることによって定義される。同様に，$\overline{x}$ の大域的不安定多様体は $W^u_{(\overline{x})}$ の前向きの反復の和集合

$$W^u = \bigcup_{n \geq 0} G^n\left(W^u_{(\overline{x})}\right)$$

をとることによって定義される。

我々は，$\overline{x}$ の大域的安定多様体と不安定多様体が図 4.7a のように横断的に交わる場合を考える。交差点 y はホモクリニック点である。この場合，実際には，無限個のホモクリニック点が存在する（y の任意の正方向ならびに逆方向の反復，すなわち，$-\infty < n < +\infty$ に対して $G^n(y)$ は，W^s ならびに W^u に属する）。それゆえ，y の（前向きならびに後向き）軌道は，**横断的ホモクリニック軌道**と呼ばれる。$n \to +\infty$ で $G^n(y) \to \overline{x}$ であるので，不安定多様体 W^u はより頻繁に安定多様体 W^s と交わり，不動点 $\overline{x}$ に近づくにつれてより激しく振動する。類似の命題が安定多様体に対しても成り立つ。

このような場合には，複雑なダイナミクスが発生すると期待される。安定多様体の管状の近傍 V を考えると，図 4.7b で示されるように，像 $G^n(V)$ は，十分大きい $n > 0$ に対して，不安定多様体の管状近傍となる。直観的には，前の馬蹄の例の定性的特徴がここでも成り立つと考えるのが自然であろう。実際，次の定理が成り立つ。

定理 4.2.4. (スメールのホモクリニック定理). G を平面上の C^1 級微分同相写像とし，$\overline{x}$ を双曲型不動点とする。$\overline{x}$ の安定多様体と不安定多様体が $y \neq \overline{x}$ において横断的に交わるならば，G^n の V への制限が馬蹄写像と位相共役になるような不動点の近傍 V ならびに自然数 n が存在する。

このような現象は，平面上の微分同相写像の族 G_α が，(大局的な) **ホモクリニック分岐**をおこす際にも発生する。これはすなわち，$\alpha = 0$ のとき，双曲型不動点の不安定多様体が安定多様体に（実際には無限個の点で）接していて，$\alpha > 0$ のとき，横断的に交差する状況である。そのような分岐の定性的な特徴を，図 4.8a, b, c に示した。

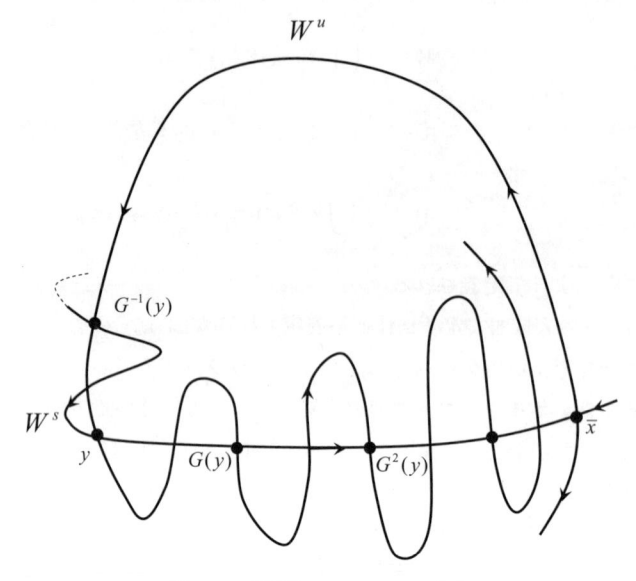

図 4.7a　横断的ホモクリニック軌道

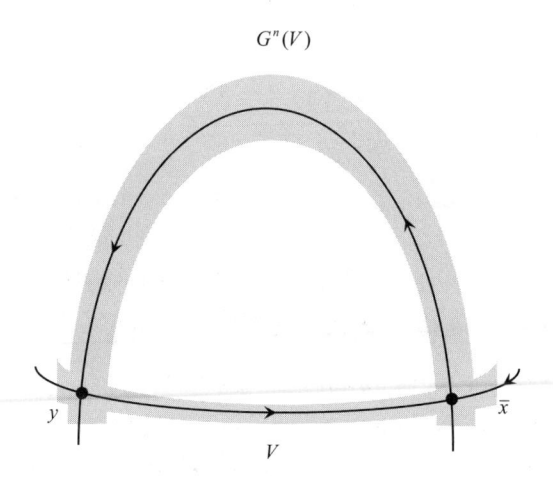

図 4.7b　ホモクリニック点ならびに馬蹄

4.2 ホモクリニック分岐と馬蹄

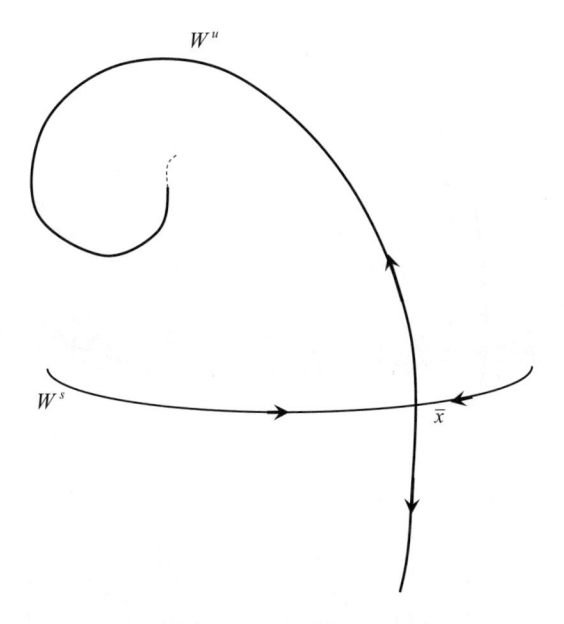

図 4.8a　ホモクリニック分岐

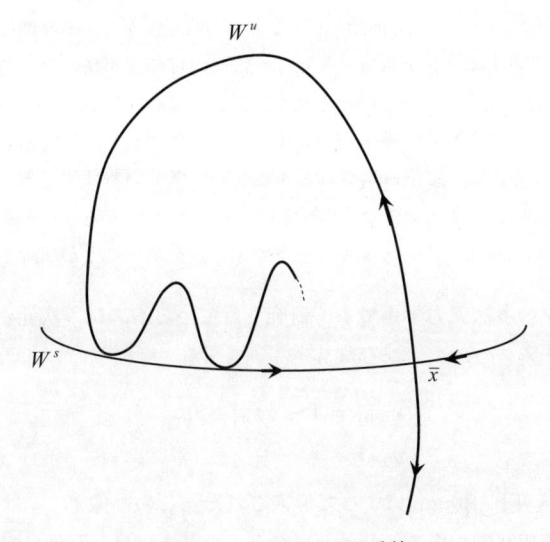

図 4.8b　ホモクリニック分岐

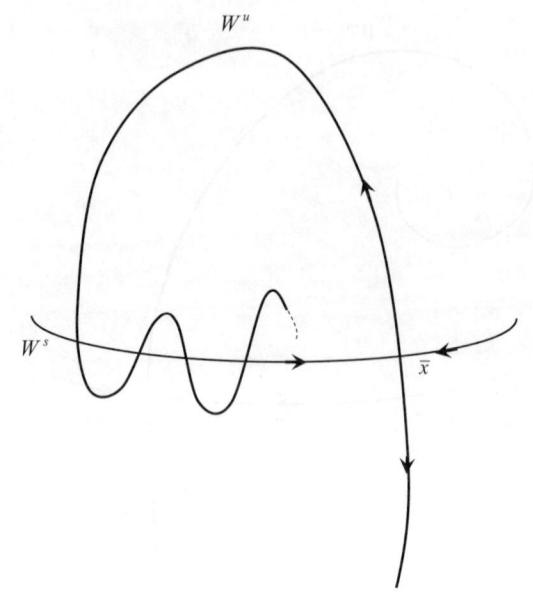

図 4.8c　ホモクリニック分岐

注意 4.2.5.　（エノン型の微分同相写像）．上の馬蹄写像が有する特徴は，多次元系における複雑ダイナミクスを生成する際にも役立つ可能性が高い点で興味深い．具体的にはこの多次元系は，小さい球を一方に引き伸ばし，他のすべての方向に縮める写像によって定められる．縮小が強い場合には，多次元の微分同相写像のふるまいは，1 次元写像によって生み出されるふるまいに似ているはずである．したがって，そのような場合に多次元微分同相写像は 4.1 節において述べた 1 次元写像がもつ力学的複雑さ（位相カオス・エルゴードカオス）を示すことが期待される．

　このタイプの多次元力学系でよく研究されているものは，次元が定める（2 次元，2 パラメタの）エノン写像族 $G_{\alpha,\beta}$ である．

$$x_{n+1} = 1 - \alpha x_n^2 + \beta y_n;$$
$$y_{n+1} = x_n$$

これは，1978 年に Hénon によって導入された．この写像 $G_{\alpha,\beta}$ は，$\beta \neq 0$ のときに微分同相写像である．しかし，β が 0 のときには，写像はロジスティック写像族に帰着され，微分同相写像ではない．そして，$\beta(> 0)$ が小さい場

合には，$G_{\alpha,\beta}$ はロジスティック写像のように複雑なダイナミクスを示し，例えば，Jakobson の定理 (1981)（定理 4.1.9 (2) を見よ）で記述される様に正の確率をもつエルゴードカオスが現れる．実際，任意の小さな $\beta > 0$ に対して，パラメタ α の集合 A_β で，正のルベーグ測度をもち，かつ次の性質をもつものが存在する．各 $\alpha \in A_\beta$ に対し，$G_{\alpha,\beta}$ は台 $\Lambda_{\alpha,\beta}$ 上で正のリアプノフ指数をもつ絶対連続な不変確率測度 $\nu_{\alpha,\beta}$ を有する（Benedicks and Carleson (1991), Benedicks and Young (1992, 1993)）．さらなる詳細，特にエノン型写像の一般化や未解決問題に関しては，Benedicks (2003) の非常に明解な解説記事を参照されたい．

4.3 後進ダイナミクスと前進ダイナミクス：逆極限アプローチ

社会経済モデルの基本的特徴は，系の現在の状況が過去の状態のみに依存するわけではなく，主体の未来に対する期待にも依存することである．それは，その期待が現在の決定に影響するためである．完全予見のダイナミクスは，"後向き" に解かれる写像 $x_t = g(x_{t+1})$ によって陰的形式で与えられる．ここで，x は $\mathbb{R}^p$ の開部分集合 U に属し，g は U から U への写像であるが，1 対 1 でなくてもよい（例えば Benhabib and Day (1982), Grandmont (1985) を見よ）．U のコンパクト不変部分集合 X (すなわち，$g(X) = X$) に制限して考えると，本書で述べてきた結果を g の反復，すなわち $g^j(x)(j \geq 0)$ が生成する軌道に応用することができるが，あいにくこの軌道は時間に関して後向きに進む．g が微分同相写像でないとき（g が区間上の単峰写像である場合など），時間に関して正方向に進む軌道に関する情報を得るのは厄介な問題をはらんでいる．なぜならば，時間の矢を逆向きにすることによって得られる差分方程式 $x_{t+1} \in \varphi(x_t)$ に現れる g の "逆" φ は，多価対応であるかもしれないからである．"逆極限" アプローチはこの種の問題に対応するために考案された手法である．この種の問題における主要な困難は，後向きの軌道 $(\cdots, g^2(x_0), g(x_0), x_0)$ が，初期条件 $x_0 \in X$ によって唯一つに決まる一方で，x_0 に対応する前進軌道は沢山（場合によっては無数に）存在するという事実に起因している．"逆極限" アプローチで用いられる "トリック" は，前進軌

道の空間を状態空間と考えることである。

具体的には，X (商空間) をコンパクトとし，$g: X \to X$(結合写像) は (少なくとも) 連続であって $g(X) = X$ とする。組 (X, g) を後向きの系と呼ぶ。前進軌道とは (積位相と無矛盾な距離を伴う) 積空間 X^∞ の元 $\mathbf{x} = (x_0, x_1, x_2, \cdots)$ で，任意の $t \geq 0$ に対して $x_t = g(x_{t+1})$ すなわち $x_{t+1} \in \varphi(x_t)$ を満たすもののことである。この前進軌道の空間は後ろ向きの系 (X, g) の逆極限とよばれ，$\varprojlim(X, g) = Z$ と記述される。X 上の結合写像の作用は逆極限空間 Z に作用する自然な写像 G を誘導する。この写像は，任意の $\mathbf{x} = (x_0, x_1, x_2, \cdots) \in Z$ に対して，

$$G(\mathbf{x}) = (g(x_0), g(x_1), g(x_2), \cdots) = (g(x_0), x_0, x_1, \cdots)$$

によって定義される。G は，実際に Z 上の同相写像であることがわかる。その逆写像 G^{-1} は，任意の $(x_0, x_1, x_2, \cdots) \in Z$ に対して

$$\sigma(\mathbf{x}) = \sigma(x_0, x_1, x_2) = (x_1, x_2, \cdots)$$

で定義される (左) シフト同相写像 σ である。それゆえ，陰的な差分方程式 $x_t = g(x_{t+1})$ すなわち $x_{t+1} \in \varphi(x_t)$ の解空間を考察することによって，X に作用する非可逆な写像 g を Z に作用する可逆な写像 G へ変換することができ，最終的に時間正方向に進む逆写像 $\sigma = G^{-1}$ が得られる。

逆極限アプローチの狙いは，g で誘導される前進ダイナミクスを，g に対応する逆極限空間 Z 上のシフト写像 σ から生み出される軌道の安定性あるいは複雑なダイナミクスの解析を通して調べることにある。この解析における重要な要素の一つは，もちろんその空間で用いられる位相である。通常，二つの元 $\mathbf{x} = (x_0, x_1, x_2, \cdots)$ と $\mathbf{y} = (y_0, y_1, y_2, \cdots)$ に対して，

$$d(\mathbf{x}, \mathbf{y}) = \sum_{t=0}^{\infty} |x_t - y_t| 2^t \tag{4.8}$$

で与えられる距離によって Z に距離構造を与える。二つの無限列 $\mathbf{x}$ と $\mathbf{y}$ がこの距離で互いに近いことと，"十分に長い"有限時間上で両者が成分毎に十分近いこととは同値である。しかし，その場合でも，時間無限大の極限では，両者は漸近的に大きくなり得る。(4.8) で定義される距離の由来は，複雑ダ

イナミクスが記号，例えば，状態 x_t がどの "領域" にいるかによって $\{0,1\}$ の無限列として軌道を表現し，(4.8) のような方法で二つの記号列間の距離を測ることによってしばしば解析されてきたという事実にある（例えば，馬蹄写像に対する (4.7) を見よ）。

4.3.1 位相カオス

後向きの写像 g はコンパクト空間 X の上にきちんと定義されているので，ドゥベイニーの意味での位相カオスの標準的な定義をここに転用することができる。この概念は 4.1 節における条件 (1′) (2′) (3′)（初期値敏感性，位相推移性，周期軌道の稠密の存在）で表される。同じ定義が逆前向き多価差分方程式 $x_{t+1} \in \varphi(x_t)$ にも適用できることは容易にわかる。直観的に考えれば，この意味での位相カオスが g に対して発生するならば，φ に対しても発生すると期待される。実際，次の定理が成り立つ（Kennedy and Stockman (2008, Theorem 6) を見よ。この結果は実は，X が一般のコンパクト距離空間の場合にも成り立つ）。

定理 4.3.1. X を $\mathbb{R}^p$ のコンパクト部分集合とし，$g : X \to X$ は，連続かつ上への写像であるとする。$x_t = g(x_{t+1})$ で生み出される X 上の後進ダイナミクスがドゥベイニーの意味での位相カオスを示すことは，逆前向き多価差分方程式 $x_{t+1} \in \varphi(x_t)$ によって生み出される前進ダイナミクスがドゥベイニーの意味での位相カオスを示すことと同値である。

意外にも，上の性質は g とその逆対応 φ に対して，逆極限アプローチの手法とは無関係に成り立つ。一方，逆極限空間 Z に作用する左シフト写像 σ に対してもドゥベイニーの意味での位相カオスの定義を直接転用することができる。ここで，次の系を得る（Li, 1992, Theorem C, p. 97, これは X がコンパクト距離空間の場合に成り立つ）。

系 4.3.2. 定理 4.3.1 の仮定の下で，逆極限空間 $Z = \varprojlim (X, g)$ は距離 (4.8) を備えていると仮定する。このとき，後向き写像 g が X 上でドゥベイニーの意味での位相カオスを示すことは，対応するシフト写像 σ が逆極限空間 Z においてドゥベイニーの意味での位相カオスを示すことと同値である。

図 4.9a は，逆前向き多価差分方程式 $x_{t+1} \in \varphi(x_t)$ に関して，後向き写像 g が図 4.1 のように区間 $[a,b]$ に作用するときに位相カオスが現れるメカニズムを示している．ここで，g は単峰であって，x^* において唯一つの臨界点をもつと仮定している．また，(4.3) ならびに (4.4) に対応する条件を満たすと仮定しており，よって $b = g(x^*) > x^* > g^2(x^*) \geq a$ となっている．このとき，後ろ向き写像 g は，(a,b) において唯一の不動点 $\bar{x}$ をもち，図 4.9a の鍵となる性質は $g^3(x^*) = g^2(b) < \bar{x}$ である．不変区間 $X = [g^2(x^*), b]$ の上で前進ダイナミクスを生成する多価差分方程式 $x_{t+1} \in \varphi(x_t)$ に現れる，対応 φ は，図 4.9a で示されるような二つの枝をもつ．一つは，g のグラフの $[x^*, b]$ 上の部分に対応しており，もう一方はグラフの $[g^2(x^*), x^*]$ の部分に対応している．通常通り，前進ダイナミクスを駆動する経済メカニズムは，その日その日ごとに (決定論的な) 自己実現的期待を主体が選択することであると解釈される．すると，それぞれの特定の前進軌道は，各時刻において対応 φ のどの枝が選ばれるか，すなわち，その日その日ごとにどの自己実現的期待を主体が選択するかを決める (決定論的な) "サン・スポット[11]" の列によって駆動されていると見なすことができよう ("サン・スポット" は，Shell (1977), Cass and Shell (1983) によって経済学に形式的に導入された)．図 4.9a は，サン・スポットが駆動する決定論的な前進ダイナミクスが，二つの枝間の切り替えを不規則な時刻に生じさせることによって，いかにしてカオス的な軌道，特に初期条件敏感性を生み出すかを直観的に描写している．定常状態 $\bar{x}$ は後向きダイナミクス g においては不安定であり，前進ダイナミクスにおいては，$[x^*, b]$ に制限されている限りは安定である．前進軌道は，φ のこの "右枝" に長く滞在して $\bar{x}$ に十分接近した後，不規則で予期できない時刻に急に "左" 枝に飛び，その直後に安定な "右" 枝に戻ることがあり得る．特に，二つの軌道が X において長い間 "右" 枝上で近接して (場合によっては重なって) 滞在した後，一方の軌道だけが他方の枝に飛んで，その後両者が大きく離れてしまうことがおこり得る．前進ダイナミクスにおけるこのような初期条件に対する敏感性は，頻繁におこる (具体的には，それがおこるような初期条

---

11) 訳注：サン・スポットの理論では，"サン・スポット" は一般に，経済のファンダメンタルズとは全く関係のないショックの代名詞として用いられる．

4.3 後進ダイナミクスと前進ダイナミクス：逆極限アプローチ　　　　105

件の集合は X で内点をもつ)。これに対し，後向きダイナミクスにおいては，定理 4.1.4 のように写像 g が S-単峰的であるとき，こうした現象は一般にはおこらない。このような決定論的サン・スポット駆動の初期条件敏感性に関する経済学研究の発端は De Vilder (1995), Hommes and De Vilder (1995) に見出される。図 4.9a における決定論的なサン・スポット駆動の枝スイッチングメカニズムは，距離 (4.8) を伴う逆極限空間 Z に作用するシフト写像 σ が，いかに系 4.3.2 のような初期値敏感性を示すかを直観的に説明することにも役立つ。しかしながら，そのような場合は，初期条件に対する敏感な依存性をもつ元 z の集合が無限次元空間 Z において，"大きい"のか "小さい"のかが明瞭ではない。

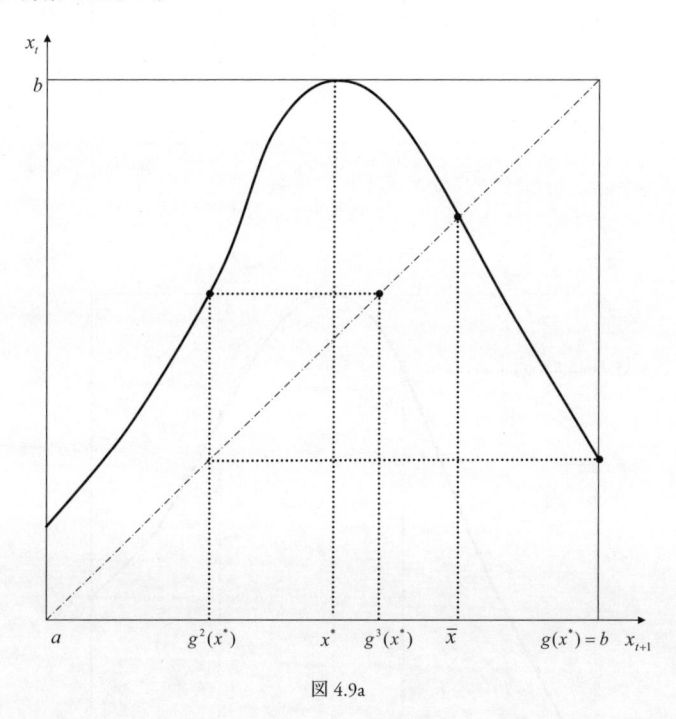

図 4.9a

図 4.9b

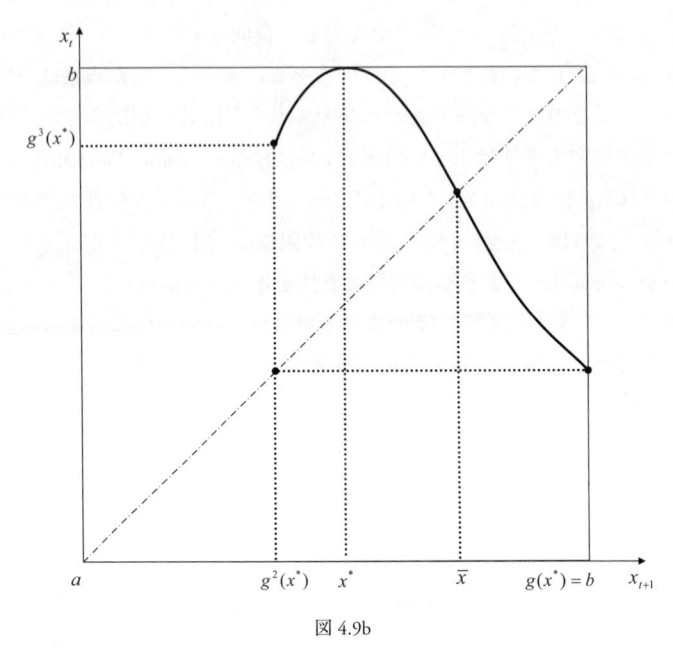

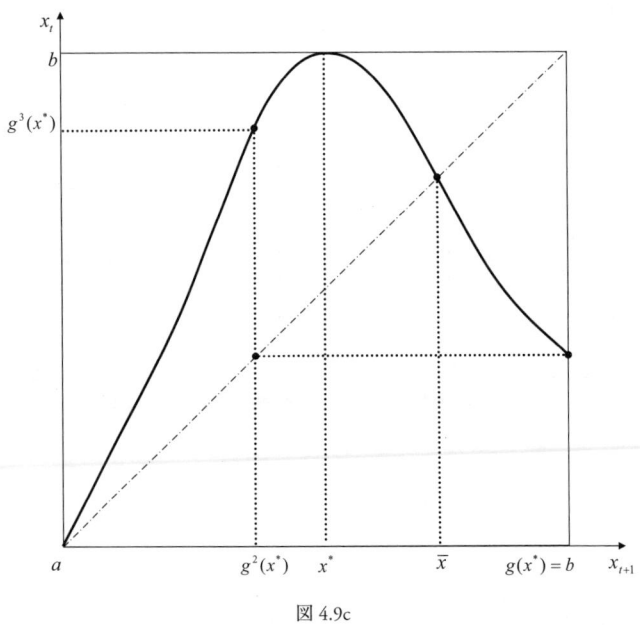

図 4.9c

4.3.2 逆極限空間における前進安定性

決定論的な枝スイッチングメカニズムは，逆極限空間 $Z = \varprojlim (X, g)$ に作用するシフト写像 σ に関する初期値敏感性を生み出す．図 4.9a で描かれるような状況において，そのメカニズムは $\bar{x}$ が後進ダイナミクス $g : X \to X$ における不安定不動点であるにもかかわらず，定常列 $(\bar{x}, \bar{x}, \bar{x}, ...)$ が前進ダイナミクス $\sigma : Z \to Z$ において安定ではないことを示唆している．簡単のために，区間上の単峰写像におけるこの種の "不安定性" に関する一般的結果を述べる．この種の結果はかなり一般的な距離空間 X に対しても成り立つ（Medio and Raines (2007, Theorem 1 ならびに 2) を見よ）．

定理 4.3.3. 実数直線上の閉区間 $[a, b]$ $(a < b)$ からそれ自身への後向き写像 g が単峰的である．すなわち (4.3) ならびに (4.4) の類似を満たしているとする．K は g に関する（後向きの）周期軌道であり，$\tilde{K}$ が逆極限空間 $Z = \varprojlim ([a, b], g)$ における対応する（前向きの）周期軌道であるとする．

そして Z は，距離 (4.8) を備えていると仮定する．もし，逆多価対応 φ によって K の像が K と異なる，すなわち，$\varphi(K) \neq K$ であるならば，$\tilde{K}$ は，Z 上のシフト写像 σ によって生成される前進ダイナミクスにおいて漸近安定ではない．

同じような否定的な結果は周期軌道に対してのみならず，g-不変ならびに σ-不変の閉集合に対しても成立する．図 4.9a – 4.9c で描写されるような状況における逆極限空間 Z 上の前進ダイナミクス σ の安定性に関しては，幾分整頓されている．三つすべての場合において，後向き写像 g は S-単峰的，すなわち，仮定 (4.3) – (4.6) の類似を満たすと仮定する（単峰であり負のシュワルツ微分をもつ）．

図 4.9a の場合には，$g^3(x^*) < \bar{x}$ であり，不変区間 $X = [g^2(x^*), b]$ に焦点を当ててよい．g は，無限に沢山の周期軌道をもち（なぜならば，例えば $g^3(x^*) < x^*$ であるなら g は周期 3 の周期軌道をもつからである），そしてその中の一つが g-安定であると仮定する（定理 4.1.9(1) によれば，位相的な観点において一般的な状況である）．定理 4.1.4 より，他のすべては g-不安定

である。一方，前の定理 4.3.3 から，逆極限空間 $\varprojlim (X,g)$ 上にシフト写像 σ によって生成される前進ダイナミクスにおいて漸近安定な g-不安定な周期軌道はないことがわかる。理由は，再び枝のスイッチングである。すなわち，任意の周期軌道は図 4.9a における g のグラフの右枝に要素を持たねばならない。そして，その周期軌道の逆の対応 φ は，多価であるためである。

図 4.9b の場合には，$g^3(x^*) > \overline{x}$ となり，g-不安定な定常状態 $\overline{x}$ を含む $[x^*, b]$ の元 x に対して，g のグラフの右枝の注目している部分において，$x_{t+1} \in \varphi(x_t)$ によって生み出される前向き軌道に沿った枝のスイッチングは，もはやおこらない。そこで定常状態 $(\overline{x}, \overline{x}, \overline{x}, \cdots)$ が逆極限空間 $Z = \varprojlim (X, g)$ に作用するシフト写像 σ に伴う前進ダイナミクスにおいて安定であることを期待できる。ここで，X は再び不変区間 $[g^2(x^*), b]$ ととっている。実際，逆極限空間 $Z = \varprojlim ([g^2(x^*), b], g)$ におけるシフト写像 σ に対し，定常状態は漸近的に安定な唯一の "位相的アトラクタ"（すなわち，位相的な観点からは "大抵" の初期条件を吸引する）であることが示される(Medio and Raines, 2007, Theorem 4)。

図 4.9c に描写された三番目の場合は，$x \in [a, g^2(x^*)]$ に対して $g(x)$ を $g(a) = a$ かつ $g'(a) > 1$ であるようなものに制限しており，図 4.9b の場合と異なっている。端点 a は，後進ダイナミクス g において不安定な g の不動点である（もちろん，前進軌道が $[g^2(x^*), b]$ に留まるように制限すると図 4.9b に示される状況になる）。ここでの主要な観察結果は，g のグラフの二つの枝間が前進軌道に沿って g-不安定な不動点 a に近づいたときに枝間のスイッチングの可能性がもはやないということである。実際，$x \in [a, g^2(x^*))$ に対し，その区間にぶつかった前進軌道はそこに捕われて a に収束せねばならず，$\varphi(x)$ は一価である。これは前進軌道の "典型的な" 運命であって，$(a, a, a, \cdots)$ は逆極限空間 $Z = \varprojlim ([a, b], g)$ に作用する前向きシフト写像 σ に対する唯一の漸近安定な "位相的アトラクタ" である（Medio and Raines (2007, Theorem 3) を見よ）。

4.3.3　前向き局所安定性

前の結果は前向き軌道の漸近的性質に関して述べてきた。定理 4.3.1 とは

4.3 後進ダイナミクスと前進ダイナミクス:逆極限アプローチ

異なり,そこでは逆極限空間 $Z = \varprojlim (X, g)$ の上でのシフト写像 σ によって生成される軌道の位相的性質すなわち距離の性質に焦点をあてることにより,逆極限形式を用いている.この解析において重要な部分は (4.8) によって導入された距離である.その距離は特別な性質,すなわち,二つの前進軌道 $(x_0, x_1, x_2, \cdots)$ と $(y_0, y_1, y_2, \cdots)$ が有限時間だとしても十分に長く近接するならば,時間無限大で漸近的に有為な違いをもっているとしても互いに近いと見なされるという性質を示していた.この種の距離は,$x_{t+1} \in \varphi(x_t)$ を通して前進ダイナミクスを支配する多価対応 φ の異なった枝の間の大域スイッチングに付随した前進軌道の潜在的不安定性を説明するためにとても適しているように思われる.(系 4.3.2 のような) 初期条件に関する敏感性もしくは (定理 4.3.3 や 図 4.9a, c における定常状態 $\bar{x}$ のような) 後向き g-不安定周期軌道の前向き σ-不安定性のようなシフト写像の位相的性質は,大域スイッチングによる不安定性メカニズムをよく反映するように思われる.

そうはいうものの,特にこのように無限次元空間を扱う際に用いられる位相,距離に関し,逆極限アプローチから得られる結果のロバストさには注意が払われるべきである(本問題に関するエイプリルフールの冗談については,Grandmont, Kirman and Neuefind (1974) を見よ).実際,逆空間 Z に関し,Z における二つの前進軌道 $\mathbf{x} = (x_0, x_1, x_2, \cdots)$ と $\mathbf{y} = (y_0, y_1, y_2, \cdots)$ に対して代わりの距離:

$$d^*(\mathbf{x}, \mathbf{y}) = \sup_{t \geq 0} |x_t - y_t| \tag{4.9}$$

が与えられた際には,大きく異なる結果が得られることもある.Z における二つの前進軌道が近いということと,任意の時間 $t \geq 0$ において互いに近くに居続けるということは同値である.結果的に,多価の前向き差分方程式 $x_{t+1} \in \varphi(x_t)$ が(定理 4.3.1 のように)初期条件に対する敏感な依存性を示し得る一方で,逆極限空間 Z は"sup-距離" (4.9) を備えているとき(二つの近い前向き軌道はシフト写像の反復の後にも近くに居続けなければならない),前向きのシフト写像 σ は,初期条件に対する敏感性を示し得ない.この点に関しては,距離 (4.8) は前向き対応 φ の異なった枝間の大域的スイッチングに由来する位相カオスの存在を扱う上で (4.9) よりも適合しているように思われる.

一方で，距離 (4.9) を用いた場合，前向き軌道の一様な近さに焦点を置いており，逆極限空間 Z 上のシフト写像 σ によって周期 k の (双曲型) 周期軌道の近くで生成される局所的な前進ダイナミクスは，本質的にその周期軌道の近くの局所的な逆写像 g^{-1} もしくは対応する周期点の近くの適切な反復写像 g^k によって生み出される局所的なダイナミクスに等しい。そこで，この距離 (4.9) を用いると，商空間 X における双曲型 g-不安定周期軌道は，逆極限空間において σ-漸近安定となる。類似の命題がより一般に双曲型の g-不安定ならびに σ-漸近安定な閉不変集合に対して成立する。ここで，距離 (4.8) は (図 4.9a ならびに図 4.9c の議論の際に記述した) 前向き多価対応 φ の異なる枝間の大域スイッチングに伴う不安定性メカニズムの探索により適しているが，距離 (4.9) は多重漸近安定局所的アトラクタならびに対応する力学的複雑さの同定により適しているように思われる。例えば，後向き写像 g が閉区間 $[a,b]$ に作用し，定理 4.1.4 のように S-単峰的であり，周期 3 の周期軌道をもつ（シャルコフスキーの定理によって任意周期の周期軌道をもつ）と仮定しよう。このとき，後進ダイナミクス g において周期軌道のうち一つを除くすべての周期軌道は不安定であるという状況が一般的である。上の議論によって距離 (4.9) ならびに局所的前進ダイナミクスに重点をおくと，$[a,b]$ におけるこれらすべての g-不安定周期軌道は Z において σ-漸近安定でなければならないことが示される。これは実際に興味深い力学系的な複雑さを含む非自明な多重性であり，図 4.9a が示す議論のように，距離 (4.8) を用いた場合に得られる図には見出せないものである。

　いずれにせよ，双曲型周期軌道が商空間 X において g-不安定であり，それゆえ，周期軌道の近くで後向きの写像 g を局所的に反転させることによって得られた局所的前進ダイナミクスにおいて漸近安定になるという情報は，経済学のモデリングに対して重要な示唆を与える。その状況は，実際，経済学において局所的な不確定性として知られる特別な状況，すなわち，周期軌道の近傍での局所的なダイナミクスにおける安定な固有値の数が各時間において，過去から遺伝されてきた事前に決定された変数の数を超える状況になっている。そのような場合には，完全予見ならびに局所安定条件を保持したまま期待を定式化する際に，経済学の主体はいくつかの自由度（X における局所前進ダイナミクスの安定固有値の数から事前に決定された変数の数を引い

たもの)をもつ.そのような局所的な不確定性から,周期軌道の任意の近くに無限個の確率的に定常な"サン・スポット"均衡が存在することが示唆される.そして,その周期軌道に沿って期待はランダムショックによって駆動される.(Azariadis (1981), Woodford (1986), Grandmont, Pintus and De Vilder (1998))。そのような多重平衡は真にランダムな過程を含むので,カオス的な決定論的システムに比べても,力学的にとても多様な複雑さを示す.

文献案内

4.1 節で述べた実数直線上の写像の大域的分岐に関する議論は,Grandmont (1986) ならびにそれの基になった Collet and Eckmann (1980) を参考にしている.詳細に関しては,Singer (1978), Guckenheimer and Holmes (1983, Chapter 5.6 ならびに 6.3), May (1976), Misiurewicz (1983), De Melo and van Strien (1993) を参照せよ.定理 4.1.9 に纏わる豊富な安定周期軌道とエルゴードカオスに関する議論は Jakobson and Swiatek (2002) に基づく.馬蹄写像とホモクリニック定理に関する 4.2 節は,Lanford (1983) の解説ならびに Guckenheimer and Holmes (1983, Chapter 5.1 ならびに Theorem 5.3.5) を基に記述された.Smale (1980) も参照せよ.このような文脈で複雑な軌道を記述する際に記号力学系をしばしば用いる.これに関しては,Guckenheimer and Holmes (1983, Chapter 5) を参照せよ.注意 4.2.5 におけるエノン写像的な微分同相写像族のエルゴードカオスに関する議論は Wilkinson (2009, Section 8) と Benedicks (2003) を基に記述されている.4.3 節の "逆極限" アプローチは,Kennedy and Stockman (2008) と Medio and Raines (2007) を参考に記述された.更なる情報に関してはこれらを参照せよ.

謝　辞

　この講義録で扱っている題材は，もともとは1987年の夏にスタンフォード大学の経済理論サマーワークショップで行なった大学院生向け短期コースで話した内容である。この機会を与えてくれた Mordecai Kurz 教授と Kenneth Arrow 教授には大変御世話になった。参加者から頂いた意見や提案に感謝したい。この仕事はスタンフォード大学の社会科学における数学的研究のための研究所 (IMSSS) における国立科学財団の研究費の助成を受けた。1987年にサントリートヨタ国際経済センターから受けたロンドンスクールオブエコノミクスにおける経済ならびにその関連分野（STICERD）のための財政援助にも大変感謝している。

　Alain Chenciner 教授の親切な助言と卓越した専門的知識，特にマルセイユにある数量経済学・計量経済学研究グループ（GREQAM），フランス高等社会科学研究院（EHESS）におけるホップ分岐に関する2日間のコースは大いに役だった。彼には，ここで謝意を示したい。

　この講義録は，最初 Stanford Technical Report ならびに CEPREMAP Working Paper として1988年に配布された。私はこの内容をさまざまな場所，特にイエール大学，ボン，Louvain la Neuve（CORE），ベニス，台湾（Academia Sinica），京都（京都大学経済研究所），Alicante，Marseille（GREQAM），東京（慶應義塾大学），神戸（神戸大学経済経営研究所）における博士課程のコースの一部として講義してきた。Research in Economics より出版されることになって行なった本講義録の今回の改訂においては，多くの学生や同僚のコメントや提案によるところが大きい。彼らにも感謝したい。特に，Michael Jakobson 教授とともに S-単峰写像の1パラメタ族におけるエルゴードカオスに関する部分の改良をおこなった。最後にタイピングを

おこなってくれた Josselyne Bitan 女史，Nadine Guedj 女史ならびに Ecole Polytechnique の印刷室の秘書の方々，また，私の手書の図を電子形式に作りなおしてくれた Nicolas Dromel 博士にも感謝したい。

　この英語版講義録の日本語訳が知泉書館から出版される予定である。

編者あとがき

　J.-M. グランモン教授は現代フランスの理論経済学を代表する学者のひとりであり，我国の理論経済学界と同教授との間には研究上の密接な協力関係が築かれてきたことは多くの人の知るところである．教授は，一般均衡理論，貨幣理論，内生的景気変動論などを中心に，多方面にわたって影響力の大きな研究成果をあげてこられたが，すこし詳しく申すならば次のようである．

　グランモン教授の研究を貫くテーマは，故 J. R. ヒックス卿が『価値と資本』(1939) の中で構築した「予想の方法」に基づく所謂「一時的均衡分析」に，厳密な数学的基礎づけと新しい表現を与え，それに基づいて，経済変数の動学的運動法則を考究しようとするところに求められよう．

　(1) 一時的均衡の存在証明　経済を構成する諸主体は，変数の将来値に対する予想を形成し，その下で現在から将来にわたっての合理的行動計画を立てるものと想定するとき，かれらの間に成り立つ各期ごとの市場均衡が一時的均衡である．そして日々観察される経済変数の時系列を，このような一時的均衡の軌跡とみなして分析するところに，ヒックス教授の着想の基本姿勢をみることができる．グランモン教授はこの方針に基づく分析の基礎作業として，まず，一時的均衡の存在証明をきわめて透徹した方法で遂行し，その論文はその後の研究の展開の嚆矢となった．とりわけ，均衡の存在を保証する条件として，予想の「緊密性」と呼ばれる制約の重要性が強調されたこと，また予想の表現のために確率測度がつくる族の函数解析的性質が活用されたことが印象的であった．

　(2) 貨幣の理論　一時的均衡モデルの枠組の中に，貨幣を導入することにより，貨幣の果たす役割を明澄に浮かび上がらせることに成功したことも重要な成果である．ケインズ経済学のいくつかの側面や，古典的二分法，セイの法則など，従来の研究につきまとっていた，やや曖昧な点を鮮やかに整理，評価し尽くした功績は，理論面のみならず，学説史的にも注目すべき貢

献であった。

　（3）一時的均衡の確率過程　　時間をつうじての一時的均衡の径路を確率過程として表現し，その動学的特性を詳細に分析したこと。これは W. ヒルデンブラント教授との共同研究の成果であり，G. フックス教授の業績とともに，新しい研究の方向を切り開くものであった。

　（4）内生的景気変動の理論　　さらに一時的均衡の径路の動学的研究として，それに周期性が発生するメカニズムの分析は，所謂「内生的景気変動」理論の代表的成果に数えられる。このテーマの研究に非線形力学系の各種の手法（たとえば分岐の理論）を援用する道を指し示した着想も，きわめて有益で，大きな影響力をもった。さらに景気の周期的変動や，一層複雑な経済の径路を，金融政策や財政政策によって制御することの可能性についても深い知見がもたらされたのであった。とくに（1），（2）に関する研究の成果としては多数の論文や編著とともに，『貨幣と価値』(1983) と題するモノグラフが刊行され，学界に新鮮な知見をもたらした。

　このたび翻訳され公刊に到った本書は，（4）の主題の数学的基礎というべき非線形力学系理論の要点を簡潔かつ正確に説いた力作で，この方面に関心をもつ経済学徒にとって，これにまさる入門書は，おそらく今後も現われることはないであろう。翻訳にあたられた斉木博士のご苦労を多とする。

　グランモン教授は 1939 年，フランスのツールーズに生まれ，理工科大学校，パリ大学を卒業ののち，米国カリフォルニア大学（バークレー）において博士号を受けた。その後母国の研究機関に戻り，長く理工科大学校教授，経済・統計研究センター（CREST）のリサーチ・ディレクターを勤め，現在，CREST，国際経済・金融研究センター（ICEF）およびヴェネチアのカ・フォスカリ大学における上級研究員を兼ねている。

　エコノメトリック・ソサエティーをはじめとする多くの学会にも積極的な指導力を発揮し，数理経済学研究センターにはその設立の当初から協力を惜しまれなかった。平成 19（2007）年，慶應義塾大学では，教授の顕著な学問的功績を讃え，また長年にわたる慶應義塾との親交に感謝して，名誉博士の学位を贈った。

　先に掲げた著書のほかに，編著として次の二点をあげておきたい。

　　Nonlinear Dynamics, (Academic Press, New York) 1987.

Temporary Equilibrium, Selected Readings, (Academic Press, New York) 1988.

　師走22日はグランモン教授のお誕生日。平成16（2004）年に行なった数理経済学研究センターの学会がちょうどこの日に終了したので，西村和雄・矢野誠両教授とご一緒に彼を誘って，築地でふぐを食った。日本食通のジャン・ミシェール，ふぐをきれいにたいらげたあとで，われわれ三人がこともあろうに誕生日に毒殺を企てたと，あちこちでいいふらした。慶應に滞在中は，退屈すると私がいなくても，オフィスへきて秘書たちと遊んでいる。防災用のヘルメットをかぶったジャン・ミシェールの写真が，数理経済学研究センターのホームページに出ているが，これも私の部屋でふざけて撮ったものである。

　わが家にもご夫妻で何度かおみえになり，川又邦雄教授ご夫妻をもまじえてにぎやかにドンチャン騒ぎをして下さる。実に嬉しいお客様である。毎年11月頃にはヴェネチアへ講義に行かれる。挿絵は，ヴェネチアで買いもとめて，私へのお土産にとわざわざもってきて下さったカーニヴァルの仮面である。

丸山　徹

参 考 文 献

Azariadis, C. (1981), "Self-Fulfilling Prophecies", *Journal of Economic Theory*, 25, 380-396.

Banks, J., Brooks, J., Cairns, G., Davis, G. and Stacey, P. (1992), "On Devaney's Definition of Chaos", *Transactions of the American Mathematical Society*, 99, 332-334.

Benedicks, M. (2003), "Non Uniformly Hyperbolic Dynamics : Hénon Maps and Related Dynamical Systems", in Li, Ta-tsien (ed.), *Proceedings of the International Congress of Mathematicians, Beijing 2002*, Higher Education Press, Beijing, Vol. III, 265-278.

Benedicks, M. and Carleson, L. (1991), "The Dynamics of the Hénon Map", *Annals of Mathematics*, 133, 73-169.

Benedicks, M. and Young, L.-S. (1992), "Absolutely Continuous Invariant Measures and Random Perturbations for Certain One-Dimensional Maps", *Ergodic Theory and Dynamical Systems*, 12, 13-37.

Benedicks, M. and Young, L.-S. (1993), "Sinai-Bowen-Ruelle Measures for Certain Hénon Maps", *Inventiones mathematicae*, 112, 541-576.

Benhabib, J. and Day, R. (1982), "A Characterization of Erratic Dynamics in the Overlapping Generations Model", *Journal of Economic Dynamics and Control*, 4, 37-55.

Bruin, H., Keller, G., Nowicki, T. and van Strien, S. (1996), "Wild Cantor Attractors Exist", *Annals of Mathematics*, 143, 97-130.

Carr, J. (1981), *Applications of Center Manifold Theory*, Springer Verlag, New York.

Cass, D. and Shell, K. (1983), "Do Sunspots Matter ?", *Journal of Political Economy*, 91, 193-227.

Chenciner, A. (1983), "Bifurcations de Difféomorphismes de R^2 au Voisinage d'un Point Fixe Elliptique", in Iooss, G., Helleman, R.H.G. and R. Stora (eds.), 1983.

Chenciner, A. (1985a), "Bifurcations de Points Fixes Elliptiques. I. Courbes Invariantes", *IHES-Publications Mathématiques*, 61, 67-127.

Chenciner, A. (1985b), "Bifurcations de Points Fixes Elliptiques. II. Orbites Périodiques et Ensembles de Cantor Invariants", *Inventiones mathematicae*,

参考文献

80, 81-106.
Chenciner, A. (1988), "Bifurcations de Points Fixes Elliptiques. III. Orbites Périodiques de "Petites" Périodes et Elimination Résonnante des Couples de Courbes Invariantes", *IHES-Publications Mathématiqes, 66*, 5-91.
Collet, P. and Eckmann, J. P. (1980), *Iterated Maps on the Interval as Dynamical Systems,* Birkhaüser, Boston. (森 真 訳 (1993), カオスの出現と消滅–1 次元単峰写像を中心として, 遊星社).
De Melo, W. and van Strien, S. (1988), "One-Dimensional Dynamics : the Schwarzian Derivative and Beyond", *Bulletin of the American Math. Society, 18,* 159-162.
De Melo, W. and van Strien, S. (1993), *One-Dimensional Dynamics,* Springer Verlag, New York.
Devaney, R. L. (2003), *An Introduction to Chaotic Dynamical Systems,* 2nd ed., Westview Press, Boulder. (後藤 憲一, 石井 豊, 木坂 正史, 国府 寛司, 新居 俊作 訳 (2003), カオス力学系入門 第 2 版, 共立出版).
De Vilder, R. (1995), *Endogenous Business Cycles,* Ph. D. dissertation, Tinbergen Institute Research Series N° 96, University of Amsterdam.
Gaunersdorfer, A., Hommes, C. H. and Wagener, F. O. O. (2008), "Bifurcation Routes to Volatility Clustering under Evolutionary Learning", mimeo, CN-DEF, University of Amsterdam, *Journal of Economic Behavior and Organization. 67,* 27-47.
Grandmont, J.-M. (1985), "On Endogenous Competitive Business Cycles", *Econometrica, 53,* 995-1045.
Grandmont, J.-M. (1986), "Periodic and Aperiodic Behaviour in Discrete One-Dimensional Dynamical Systems", in Hildenbrand, W. and A. Mas-Colell (eds.), 1986.
Grandmont, J.-M., Kirman, A. P. and Neuefind, W. (1974), "A New Approach to the Uniqueness of Equilibrium", *Review of Economic Studies, 41,* 289-291.
Grandmont, J.-M., Pintus, P. and de Vilder, R. (1998), "Capital-Labor Substitution and Competitive Nonlinear Endogenous Business Cycles", *Journal of Economic Theory, 80,* 14-59.
Guckenheimer, J. and Holmes, P. (1983), *Nonlinear Oscillations, Dynamical Systems, and Bifurcations of Vector Fields,* Springer Verlag, New York.
Hartman, P. (1964), *Ordinary Differential Equations,* Wiley, New York.
Hildenbrand, W. and Mas-Colell, A. (1986), *Contributions to Mathematical Economics, In Honour of Gerard Debreu,* North-Holland, New York.
Hirsch, M. W. and Smale, S. (1974), *Differential Equations, Dynamical Systems, and Linear Algebra,* Academic Press, New York. (田村 一郎, 水谷 忠良, 新井 紀久子 訳 (1976), 力学系入門, 岩波書店). (訳注：本書から大幅に内容が変更された書 (Hirsch, M. W. , Smale, S. and Devaney, R. L. (2003), Differential

Equations, Dynamical Systems, and an Introduction to Chaos, Academic Press, New York.(桐木 紳, 三波 篤郎, 谷川 清隆, 辻井 正人 訳 (2007), 力学系入門–微分方程式からカオスまで, 共立出版)) も出版されている)。)

Hommes, C. and de Vilder, R. (1995), "Sunspot Equilibria in an Implicitly Defined Overlapping Generations Model", mimeo, University of Amsterdam.

Iooss, G. (1979), *Bifurcations of Maps and Applications,* North-Holland, New York.

Iooss, G., Helleman, R.H.G. and Stora, R. (eds.) (1983), *Chaotic Behaviour of Deterministic Systems,* North-Holland, New York.

Jakobson, M.V. (1981), "Absolutely Continuous Invariant Measures for One-Parameter Families of One-Dimensional Maps", *Communications in Mathematical Physics, 81,* 39-88.

Jakobson, M.V. and Swiatek, G. (2002), "One-Dimensional Maps", in *Handbook of Dynamical Systems,* Hasselblatt, B. and A. Katok (eds.), Elsevier, Amsterdam, Vol. 1, Part 1, Ch. 10, 599-664.

Johnson, S. (1985), "Singular Measures without Restrictive Intervals", *Communications in Mathematical Physics, 110,* 185-190.

Kennedy, J. A. and Stockman, D. R. (2008), "Chaotic Equilibria in Models with Backward Dynamics", *Journal of Economic Dynamics and Control, 32,* 939-955.

Kozlovski, O. S. (1998), *Structural Stability in One-Dimensional Dynamics,* Ph. D. Thesis, University of Amsterdam.

Kozlovski, O. S. (2000), "Getting Rid of the Negative Schwarzian Derivative Condition", *Annals of Mathematics, 152,* 743-762.

Kuznetsov, Y. A. (1998), *Elements of Applied Bifurcation Theory,* 2nd ed., Springer Verlag, New York. (訳注：第 3 版が 2004 年に出版されている)。

Lanford III, O. E. (1983), "Introduction to the Mathematical Theory of Dynamical Systems", in Iooss, G., Helleman, R.H.G. and R. Stora (eds.), 1983.

Li, S. H. (1992), "Dynamical Properties of the Shift Maps on the Inverse Limit Spaces", *Ergodic Theory and Dynamical Systems, 12,* 95-108.

Li, T. and Yorke, J. A. (1975), "Period Three Implies Chaos", *American Mathematical Monthly, 82,* 985-992.

Marsden, J. E. and McCracken, M. (1976), *The Hopf Bifurcation and its Applications,* Springer Verlag, New York.

May, R. B. (1976), "Simple Mathematical Models with Very Complicated Dynamics", *Nature, 261,* 459-467.

Medio, A. and Raines, B. (2007), "Backward Dynamics in Economics. The Inverse Limit Approach", *Journal of Economic Dynamics and Control, 31,* 1633-1671.

Misiurewicz, M. (1981), "Absolutely Continuous Measures for Certain Maps of an Interval", *Publications Mathématiques de l'IHES, 53,* 17-51.

Misiurewicz, M. (1983), "Maps of an Interval", in Iooss, G., Helleman, R.H.G. and R. Stora (eds.), 1983.

Nusse, H. E. (1986), "Persistence of Order and Structure in Chaos", *Physica D, 20,* 374-386.

Palis, Jr., J. and De Melo, W. (1982), *Geometric Theory of Dynamical Systems,* Springer Verlag, New York.

Palis, Jr., J. and Takens, F. (1977), "Topological Equivalence of Normally Hyperbolic Dynamical Systems", *Topology, 16,* 335-345.

Parthasarathy, K. R. (1967), *Probability Measures on Metric Spaces,* Academic Press, New York.

Sarkovskii, A. N. (1964), "Coexistence of Cycles of a Continuous Map of the Line into Itself", *Ukrainian Mathematical Journal, 16,* 61-71.

Shell, K. (1977), "Monnaie et Allocation Intertemporelle", mimeo, Séminaire d'Econométrie Roy-Malinvaud, CNRS, Paris.

Singer, D. (1978), "Stable Orbits and Bifurcations of Maps of the Interval", *SIAM Journal on Applied Mathematics, 35,* 260.

Smale, S. (1980), *The Mathematics of Time,* Springer Verlag, New York.

Thieullen, Ph. Tresser, C. and Young, L. S. (1994), "Positive Lyapounov Exponent for Generic One-Parameter Families of Unimodal Maps", *Journal d'Analyse Mathématiques, 64,* 121-172.

Whitley, D. (1983), "Discrete Dynamical Systems in Dimensions One and Two", *Bulletin of the London Mathematical Society, 15,* 177-217.

Wilkinson, A. (2009), "Smooth Ergodic Theory", mimeo, Northwestern University, *Encyclopedia of Complexity and Systems Science,* R. Meyers (ed.), Springer Verlag, New York.

Woodford, M. (1986), "Stationary Sunspot Equilibria in a Finance Constrained Economy", *Journal of Economic Theory, 40,* 128-137.

(訳注) 証明などの詳細や発展的事項は各章の章末に挙がっている参考文献の他に例えば以下のものを推薦する．力学系やカオスの考え方を基本的なところから紹介しているテキストとして，國府 (2000)，Shub (1987), Alligood, Sauer and Yorke (1996) 力学系の現代的な標準的テキストとして，Robinson (1999) (邦訳有)，比較的最近の結果を含めて詳細に紹介しているテキストとして Katok and Hasselblatt (1995), 非一様双曲系を中心に最近の結果をまとめたテキストとして Bonatti, Diaz and Viana (2004) 等がある．また，経済学者による非線型経済動学に関するテキストとして，Lorenz (1989) (邦訳有)，浅田 (1997)，吉田 (2003)，西村・矢野 (2007) 等がある．

参考文献

Alligood, K. T., Sauer, T. D. and Yorke, J. A. (1996), *Chaos,* Springer-Verlag, New York. (津田一郎 監訳 (2007), カオス 1・2・3, シュプリンガー東京).

Bonatti, C., Diaz, L. and Viana, M. (2004), *Dynamics beyond uniform hyperbolicity,* Encyclopedia of Mathematical Sciences 102, Springer-Verlag, Berlin.

Devaney, R. L. (1992), *A first Course in Chaotic Dynamical Systems,* Oerseus Books Publishing LLC, Cambridge. (上江洌達也, 重本和泰, 久保博嗣, 田崎秀一訳 (2007), カオス力学系の基礎, ピアソンエデュケーション).

Katok, A. and Hasselblatt, B. (1995), *Introduction to the Modern Theory of Dynamical Systems,* Encyclopedia of Mathematics and Its Applications 54 Cambridge University Press.

Lorenz, H.-W. (1989), *Nonlinear Dynamical Economics and Chaotic Motion,* Springer-Verlag, Berlin. (小野崎保, 笹倉和幸訳 (2000), 非線形経済動学とカオス, 日本経済評論社).

Robinson, C. (1999), *Dynamical Systems, Stability, Symbolic Dynamics, and Chaos,* CRC Press. (國府寛司, 柴山健伸, 岡宏枝訳 (2001), 力学系 上・下, シュプリンガー東京).

Shub, M. (1987), *Global Stability of Dynamical Systems,* Springer-Verlag, New York.

青木統夫 (1996), 力学系・カオス, 共立出版.

浅田統一郎 (1997), 成長と循環のマクロ動学, 日本経済評論社.

國府寛司 (2000), 力学系の基礎, 朝倉書店.

西村和雄, 矢野誠 (2007), マクロ経済動学, 岩波書店.

吉田博之 (2003), 景気循環の理論, 名古屋大学出版会.

訳者による付録

――――――――

[3.3 節に関連する事項]

本文注意 3.3.3 の計算を補足する．偏微分の合成関数に対する連鎖律を用いて，

$$\frac{\partial}{\partial x}G^2 = \frac{\partial}{\partial x}G(G(x,\alpha),\alpha)$$
$$= \frac{\partial G(G(x,\alpha),\alpha)}{\partial G(x,\alpha)} \cdot \frac{\partial G}{\partial x} + \frac{\partial G(G(x,\alpha),\alpha)}{\partial \alpha} \cdot \frac{\partial \alpha}{\partial x}$$

となるが，第 2 項は $\partial \alpha/\partial x = 0$ だから消える．$x_1 := G(x,\alpha)$ とおくと $\partial G^2/\partial x = \partial G/\partial x_1 \cdot \partial G/\partial x$．以下繰り返して微分していくと，

$$\frac{\partial^3}{\partial x^3}G^2 = \frac{\partial^3 G}{\partial x_1^3} \cdot \left(\frac{\partial G}{\partial x}\right)^3 + 3 \cdot \frac{\partial^2 G}{\partial x_1^2} \cdot \frac{\partial G}{\partial x} \cdot \frac{\partial^2 G}{\partial x^2} + \frac{\partial G}{\partial x_1} \cdot \frac{\partial^3 G}{\partial x^3}$$

を得る．$G(0,\alpha)$ の仮定より，

$$\frac{\partial G}{\partial x_1}(0,0) = \frac{\partial G}{\partial x_1}(G(0),0) = \frac{\partial G}{\partial x}(0,0)$$

となるので，

$$\frac{\partial^3 G^2}{\partial x^3}(0,0) = \frac{\partial^3 G}{\partial x^3}(0,0) \cdot \left(\frac{\partial G}{\partial x}(0,0)\right)^3 + 3 \cdot \frac{\partial G}{\partial x}(0,0) \cdot \left(\frac{\partial^2 G}{\partial x^2}(0,0)\right)^2$$
$$+ \frac{\partial G}{\partial x}(0,0) \cdot \frac{\partial^3 G}{\partial x^3}(0,0).$$

あとは，$\partial G/\partial x(0,0) = -1$ の仮定より

$$\frac{\partial^3 G^2}{\partial x^3}(0,0) = -2\frac{\partial^3 G}{\partial x^3}(0,0) - 3 \cdot \left(\frac{\partial^2 G}{\partial x^2}(0,0)\right)^2$$

がしたがう。

[4.1 節に関連する事項]

以下では，本文定理 **4.1.2** で紹介されたシャルコフスキーの定理の特別な場合をいくつか証明する。一般の場合の証明は青木 (1996) 等を参照せよ。まず，本文補題 **4.1.1** を示す。

命題 A4.1.1. 写像 $G : [a, b] \to [a, b]$ が連続であると仮定する。G が周期 3 の周期軌道を持つならば，周期 $n(\geq 2)$ の周期軌道をもつ。

命題 A4.1.1. の証明には以下の 2 つの補題 A4.1.1，A4.1.2 を用いる。

補題 A4.1.3 は補題 A4.1.2 の証明に用いる。以下の補題においても写像 G の連続性は仮定する。

補題 A4.1.1. 区間 $I \subset [a, b]$ に対し，$G(I) \supset I$ ならば，I の中に G の不動点が存在する。
証明. $G(x) - x$ に対して中間値の定理を適用する。

補題 A4.1.2. $n+1$ 個の区間 $A_0, A_1, A_2, \cdots, A_n \subset [a, b]$ が各 $i(= 0, \cdots, n-1)$ に対して $G(A_i) \supset A_{i+1}$ を満たすとする。このとき，ある区間 $I \subset A_0$ が存在して，各 $i(= 0, \cdots, n-1)$ に対して，$G^i(I) \subset A_i, G^n(I) = A_n$ を満たす。

補題 A4.1.3. 区間 $I, J \subset [a, b]$ に対して，$G(I) \supset J$ のとき，ある部分区間 $I' \subset I$ が存在して $G(I') = J$ となる。

証明. 簡単のため $J = [\min J, \max J]$ として，$G^{-1}(\min J), G^{-1}(\max J)$ は有限個と仮定する。$x_1 < x_2 < \cdots < x_n$ を $x_i \in I, G(x_i) \in \{\min J, \max J\}(i = 1, \cdots, n)$ を満たすすべての点とする。$G(I) \supset J$ なので，すべての i について $G(x_i) = \min J$ ということはない (すべての i について $G(x_i) = \max J$ という

こともない). よって, ある i が存在し, $\{G(x_i), G(x_{i+1})\} = \{\min J, \max J\}$ とできる. このとき, $I' = [x_i, x_{i+1}]$ とすれば $G(I') = J$ となる. なぜならば, まず中間値の定理より $G(I') \supset J$ である. 次に $G(I') \not\subset J$ であったと仮定する. すると, 例えばある $\alpha \subset I'$ が存在して $G(\alpha) < \min J$ となる. このとき, 仮に $G(\min I') = \max J$ であったならば, やはり中間値の定理よりある $\beta (\min I' < \beta < \alpha)$ が存在して $G(\beta) = \min J$ となる. よって, $\{x_1, \cdots, x_n\}$ が G で写像して $\{\min J, \max J\}$ に入るすべての点であったことに矛盾. 他の場合でも同様に矛盾が導け, $G(I') \subset J$ が結論される.

補題 A4.1.2 の証明. 各 $i(=0, \cdots, n-1)$ に対して, $G(A_i) \supset A_{i+1}$ という仮定から補題 A4.1.3 によりそれぞれある部分区間 $B_i \supset A_i$ が存在し, $G(B_i) = A_{i+1}$ を満たす. さらに $i < n-1$ とすると, $G^2(B_i) = G(A_{i+1}) \supset A_{i+2}$ となる. G^2 に対して再び補題 A4.1.3 を用いることにより, ある部分区間 $C_i \subset B_i$ が存在して $G^2(C_i) = A_{i+2}$ を満たす. また, C_i は, $G(C_i) \subset G(B_i) = A_{i+1}$ も満たす. これを繰り返すことにより, 目的の区間 I の存在を示せる.

命題 A4.1.1 の証明. 補題 A4.1.1 から, $G^n(I) \supset I$ を満たす区間 I$\subset [a, b]$ を見つければ, G^n の不動点を見つけることができる. 補題 A4.1.2 によって, それが正しく n 周期点であるように構成できる. 以下で構成法を示す.

G が 3 周期点をもつという仮定から, $\alpha, \beta, \gamma \in [a, b]$ が存在して次を満たす.

$$\alpha < \beta < \gamma, \ G(\alpha) = \beta, \ G(\beta) = \gamma, \ G(\gamma) = \alpha.$$

($\gamma < \beta < \alpha$ であっても同様の議論が可能である.) $L := [\alpha, \beta], R := [\beta, \gamma]$ とおく. 上の仮定から, $G(L) \supset R, G(R) \supset (L \cup R)$ が導かれる. $n \geq 2$ に対して, $A_0, \cdots, A_{n-2} = R, A_{n-1} = L, A_n = R$ とおくと, これは補題 A4.1.2 の仮定を満たし, 区間 $I \supset A_0 = R$ が存在して $i(= 0, \cdots, n-2)$ に対し, $G^i(I) \subset R, G^{n-1}(I) \subset L, G^n(I) = R$ を満たす. 補題 A4.1.1 より I の中に G^n の不動点 p_n が存在する. p_n は $G^i(p_n) \in R (i = 0, \cdots, n-2), G^{n-1}(p_n) \subset L$ を満たすので, これは $G^k (k < n)$ の不動点ではない.

以下では，シャルコフスキーの定理（本文定理 **4.1.2**）の特別版の証明をいくつか述べることにより，全体の証明の概略を掴んで貰う。

[1] 周期 $k \Rightarrow$ 周期 1

証明．k 周期軌道が次のように番号づけられているとする：

$$(a \leq)x_1 < \cdots < x_k(\leq b)$$

このとき，ある $i \neq 1$ が存在して $G(x_1) = x_i > x_1$ となっているから $G(x_1) - x_1 > 0$ が成り立つ。同様にして，$G(x_k) - x_k < 0$ も成り立つ。G は連続なので中間値の定理より，$G(x) - x = 0$ を満たす $x_1 < x < x_k$ が存在する。

[2] 周期 $4 \Rightarrow$ 周期 2

証明．証明の手法は，周期 $3 \Rightarrow$ 周期 n のものと同様で，ある区間 $I_0, I_1 \subset [a, b], I_0 \cap I_1 = \emptyset$ が存在して[12]，$G(I_1) \supset I_0, G(I_0) \supset I_1$ であれば，補題 A4.1.1, A4.1.2 より，それが 2 周期点の存在を保証する。

4 周期点を $x_1 < x_2 < x_3 < x_4$ とし，いくつかに場合分けをして I_0, I_1 を構成しよう。

(i) $G(x_1), G(x_2) \geq x_3$ のとき，明らかに $G(x_3), G(x_4) \leq x_2$ である。このときは，$I_0 := [x_1, x_2], I_1 := [x_3, x_4]$ と定めればよい。

(ii) $G(x_2) < x_3 \leq G(x_1)$ のとき，まず $G(x_2) = x_1$ がわかる。ここで，$I_0 := [x_2, x_3], I_1 := [x_1, x_2]$ とおく。そうすると，$G(I_0) \supset [G(x_2), G(x_3)] = [x_1, G(x_3)] \supset I_1, G(I_1) \supset [G(x_2), G(x_1)] = [x_1, G(x_1)] \supset I_0 \cup I_1$ が成り立つ。

(iii) $G(x_1) < x_3 \leq G(x_2)$ のとき，先と同じく $G(x_1) = x_2$ がわかる。ここでは更に 2 つの場合に分かれる。

(1) $G(x_2) = x_3$ のとき，このとき，G によって $x_1 \to x_2 \to x_3 \to x_4 \to x_1$ と写像される。$I_0 := [x_2, x_3], I_1 := [x_3, x_4]$ とおけば，$G(I_0) \supset [x_3, x_4] = I_1, G(I_1) \supset [x_1, x_4] \supset I_0 \cup I_1$ が成り立つ。

---

[12] 区間の端点は，それが G の不動点でないならば，共通部分があってもよい。

(2) $G(x_2) = x_4$ のとき，$x_1 \to x_2 \to x_4 \to x_3 \to x_1$ と写像される。$I_0 := [x_1, x_2]$, $I_1 := [x_2, x_3]$ とおけば，$G(I_0) \supset [x_2, x_3] \supset I_1$, $G(I_1) \supset [x_1, x_4] \supset I_0 \sup I_4$ が成り立つ。以上ですべての場合を尽くした。$G(x_1), G(x_2) < x_3$ はありえない。なぜなら，もしそうならば，$G(x_1) = x_2, G(x_2) = x_1$ しかなりえず，4 周期点にならないからである。

[3] 周期 $2^n \Rightarrow$ 周期 $2^k (n > k)$

証明．任意の自然数 n に対して，周期 2^{n-1} の存在を示せば，あとは帰納的に小さな周期の存在もわかる。$n \geq 3$ と仮定する（$n = 1, 2$ の場合は上で示している）。$H := G^{2^{n-2}}$ と定めると，G の 2^n 周期軌道の一部が H の 4 周期軌道になる。すると，[2] より H には 2 周期軌道 $\{\alpha, \beta\}$ が存在する。$G^{2^{n-2}}(\alpha) = \beta$, $G^{2^{n-2}}(\beta) = \alpha$ なのでこれは G の 2^{n-1} 周期点である。

次に，本文補題 **4.1.3** の証明をおこなう。

命題 A4.1.2. 1) $SG < 0$ ならば，$|G'|$ は，正の極小値をもたない。
2) $\mathbb{R}$ からそれ自身への任意の二つの C^3 級写像 G, H に対して，

$$S(G \circ H)(x) = SG(H(x))[H'(x)]^2 + SH(x)$$

が成り立つ。それゆえ，$SG < 0$ でかつ $SH < 0$ であれば，$S(G \circ H) < 0$ となる。特に，$SG < 0$ であれば，各 $n \geq 1$ に対して $SG^n < 0$ となる。

証明 1) 背理法による。x_0 を $G'(x)$ の臨界点とすると，$G''(x_0) = 0$ であり，$SG(x_0) < 0$ であるから，

$$\frac{G'''(x_0)}{G'(x_0)} = SG(x_0) + \frac{3}{2}\left(\frac{G''(x_0)}{G'(x_0)}\right)^2 < 0.$$

したがって，$G'''(x_0)$ と $G'(x_0)$ とは反対符号をもつ。
さて，$G'(x)$ が x_0 で正の極小値を持てば，$G'''(x_0) \geq 0$, $G'(x_0) > 0$ であり，

$$\frac{G'''(x_0)}{G'(x_0)} \geq 0.$$

これは上に矛盾。同様に $G'(x)$ が x_0 で負の極大値を持てば，$G'''(x_0) \leq 0$, $G'(x_0) < 0$ であり，これも上に矛盾。

2) 微分の連鎖律より

$$(G \circ H)'(x) = G'(H(x)) \cdot H'(x)$$
$$(G \circ H)''(x) = G''(H(x)) \cdot (H'(x))^2 + G'(H(x)) \cdot H''(x)$$
$$(G \circ H)'''(x) = G'''(H(x)) \cdot (H'(x))^3 + 3G''(H(x)) \cdot H''(x) \cdot H'(x)$$
$$+ G'(H(x)) \cdot H'''(x)$$

が成り立つ．これに加えて，シュワルツ微分の定義

$$SG(x) = \frac{G'''(x)}{G'(x)} - \frac{3}{2}\left(\frac{G''(x)}{G'(x)}\right)^2$$

を用いて，

$$S(G \circ H)(x) = \frac{(G \circ H)'''(x)}{(G \circ H)'(x)} - \frac{3}{2}\left(\frac{(G \circ H)''(x)}{(G \circ H)'(x)}\right)^2$$
$$= \frac{G'''(H(x))(H'(x))^3 + 3G''(H(x))H'(x)H''(x) + G'(H(x))H'''(x)}{G'(H(x))H'(x)}$$
$$- \frac{3}{2}\left(\frac{G''(H(x))(H'(x))^2 + G'(H(x))H''(x)}{G'(H(x))H'(x)}\right)^2$$
$$= \left(\frac{G'''(H(x))}{G'(H(x))}(H'(x))^2 + \frac{3G''(H(x))}{G'(H(x))}H''(x) + \frac{H'''(x)}{H'(x)}\right)$$
$$- \frac{3}{2}\left(\frac{G''(H(x))^2(H'(x))^2}{G'(H(x))^2} + \frac{2G''(H(x))H''(x)}{G'(H(x))} + \frac{H''(x)^2}{H'(x)^2}\right)$$

となり，

$$SG(H(x))\left(H'(x)\right)^2 = \frac{G'''(H(x))}{G'(H(x))}\left(H'(x)\right)^2 - \frac{3}{2}\left(\frac{G''(H(x))}{G'(H(x))}\right)^2\left(H'(x)\right)^2$$
$$SH(x) = \frac{H'''(x)}{H'(x)} - \frac{3}{2}\left(\frac{H''(x)}{H'(x)}\right)^2$$

を用いると欲しい関係式が得られる．後半の二つは一つ目の関係式から明らか．

以下は本文定理 **4.1.7** に関連して述べている注意（ドゥベイニーの意味でのカオスを特徴づける条件の間の関係）を定理（Banks, Brooks, Cairns, Davis, and Stacey (1992))の形で述べたものである[13]。

定理 **A4.1.1.** X を距離空間,$f: X \to X$ を連続な写像とし,位相推移的で稠密な周期点集合をもつとする。そのとき,f は初期値敏感性をもつ。

証明 $f: X \to X$ が位相推移的で稠密な周期点集合をもつとする。任意の $x \in X$ に対し,周期点 $q \in X$ が存在して,その軌道 $O(q)$ が,x から $\delta_0/2$ の距離にあるような $\delta_0 > 0$ が存在することを確認しよう。まず,2つの任意の周期点 q_1, q_2 で互いに異なる軌道 $O(q_1), O(q_2)$ をもつものを選ぶ。δ_0 を $O(q_1), O(q_2)$ の距離とする。そのとき,三角不等式から任意の点 $x \in X$ は2つの周期点のどちらかから $\delta_0/2$ より近くに存在する。これから,f は"敏感性定数" $\delta = \delta_0/8$ の初期値敏感性をもつことを示す。

任意の $x \in X$ に関し,N を x の近傍とする。f の周期点は稠密なので,$U = N \cap B_\delta(x)$ の中に周期点 p が存在する($B_\delta(x)$ は x を中心として半径 δ の球である)。周期点 p の周期を n とする。上で示したように,x から 4δ より近くに軌道 $O(q)$ をもつ周期点 $q \in X$ が存在する。ここで,

$$V = \bigcap_{i=0}^{n} f^{-i}(B_\delta(f^i(q)))$$

とする。$q \in V$ であるから,明らかに V は開集合で空ではない。f は位相推移的であるから,$f^k(y) \in V$ となるような $y \in U$ と自然数 k が存在する。

j を $k/n + 1$ の整数部とすると,$1 \leq nj - k \leq n$ である。構成より,

$$f^{nj}(y) = f^{nj-k}(f^k(y)) \in f^{nj-k}(V) \subset B_\delta(f^{nj-k}(q))$$

となる。$f^{nj}(p) = p$ であることと三角不等式より,

$$\begin{aligned} d(f^{nj}(p), f^{nj}(y)) &= d(p, f^{nj}(y)) \\ &\geq d(x, f^{nj-k}(q)) - d(f^{nj-k}(q), f^{nj}(y)) - d(p, x) \end{aligned}$$

---

[13] 國府 (2000) にさまざまな"カオス"の定義とその特徴,問題点が述べられている。

となる。但し，d は X 上の距離である。$p \in B_\delta$ であり，$f^{nj}(y) \in B_\delta(f^{nj-k}(q))$ であることから，

$$d(f^{nj}(p), f^{nj}(y)) > 4\delta - \delta - \delta = 2\delta$$

を得る。再び三角不等式を用いると，

$$d(f^{nj}(x), f^{nj}(y)) > \delta \quad \text{もしくは} \quad d(f^{nj}(x), f^{nj}(p)) > \delta$$

を得る。どちらの場合も nj 回反復すると $f^{nj}(x)$ からの距離が δ 以上であるような N の点が見つかる。

索引

ア行

安定　15
安定空間　23
鞍点　24
位相カオス　83
一般化固有空間　8
一般化固有ベクトル　8
陰関数定理　11
後向きの系　102
エノン写像　100
エルゴード的　86

カ行

カスケード　79
完全　79
完全族　79
カントール集合　92
記号力学系　94
基底　4
逆関数定理　11
逆極限　102
局所安定多様体　26
局所構造安定　16
局所中心多様体　26
局所不安定多様体　26
局所不変多様体　26
局所分岐　34
構造安定　16, 24
固有空間　6
固有値　6

固有ベクトル　6

サ行

サドルノード分岐　34, 36
サン・スポット　104
C^r 共役　15
実ジョルダン標準形　5
実標準形　5
シフト自己同型写像　95
シフト同相写像　102
弱安定　74
周期軌道　72
周期点　72
シュワルツ微分　51, 75
初期値敏感性　83
漸近安定　15, 74
線型写像　4
線型独立　4
線型変換　4
双曲型不動点　25

タ行

単峰性　74
中心空間　24
中心多様体　65
超安定　74
沈点　24
定常解　13
ドゥベイニーの意味でカオス的　84
トランジエントカオス　85
トランスクリティカル分岐　39

索　引

ナ・ハ 行

ノルム　3

馬蹄写像　90
ピッチフォーク分岐　41
不安定　15, 74
不安定空間　23
不動点　13
不変集合　15
フリップ分岐　34, 45
ブロック対角　5
分岐　33
閉軌道　72

平衡点　13
ホップ分岐　34, 52
ホモクリニック定理　97
ホモクリニック分岐　71, 97

ヤ 行

ユークリッド・ノルム　3
余次元　34

ラ・ワ 行

リアプノフ指数　86
ロジスティック写像　82

湧き出し点　24

Grandmont, J.-M.（ジャン-ミシェール　グランモン）
1939年トゥールーズに生まれる。1961年パリ大学卒業。1971年カリフォルニア大学（バークレー）においてPh.D.取得。理工科大学校教授，国立科学研究センターおよび経済・統計センター（CREST）のリサーチ・ディレクターなどを経て，現在CREST，国際経済・金融研究センター（ICEF）およびヴェネチアのカ・フォスカリ大学における上級研究員を兼ねている。

斉木 吉隆（さいき・よしたか）
2000年東京大学教養学部基礎科学科卒業。2006年東京大学大学院数理科学研究科博士課程修了。日本学術振興会特別研究員（京都大学数理解析研究所），北海道大学大学院理学研究院数学部門助教などを経て，現在一橋大学大学院商学研究科会計・金融専攻准教授。博士（数理科学）

〈数理経済学叢書 4〉

［非線型経済動学］　　　　　　　　　ISBN978-4-86285-153-6
2013年4月10日　第1刷印刷
2013年4月15日　第1刷発行

訳　者　斉　木　吉　隆
発行者　小　山　光　夫
製　版　ジャット

発行所　〒113-0033 東京都文京区本郷1-13-2　株式会社 知泉書館
　　　　電話03(3814)6161 振替00120-6-117170
　　　　http://www.chisen.co.jp

Printed in Japan　　　　　　　　　　　印刷・製本／藤原印刷